I QUADERNI

DELL'ARCHEOCLUB DI BENEVENTO

9

I QUADERNI

DELL'ARCHEOCLUB DI BENEVENTO

ARCHEOCLUB D'ITALIA
sede di Benevento

Palazzo del Volontariato
viale Mellusi 68

82100 Benevento

archeobenevento@gmail.com

*La stampa del presente volume è stata autorizzata
dalla Provincia di Benevento
con nota n. U.0023565 del 20 ottobre 2021*

GILBERTA FAMIGLIETTI

ARCHIVIO STORICO del COMUNE di BENEVENTO

nel Museo del Sannio

Inventario secc. XII-XVIII

Presentazione

La città di Benevento ha una lunga storia, ma non sempre ha conservato tracce e testimonianze di questo ricco passato. Molti archivi sono andati distrutti da eventi calamitosi, ma molti sono anche scomparsi per incuria umana. Tra i pochi che si sono salvati, l'Archivio Civico del Comune di Benevento costituisce uno dei più importanti e preziosi.

Fu l'arcivescovo Vincenzo Maria Orsini, grazie alla sua sensibilità di cultore della materia, il primo a capire l'importanza di questo archivio, e a porre in atto la prima azione di salvaguardia e tutela. Nominò una commissione per la sistemazione di questo fondo e nel 1713 ne fece stampare un indice generale. La ricca collezione di volumi rimase presso la sede comunale di Palazzo Paolo V, fino agli anni Trenta del Novecento, quando il fondo fu progressivamente trasferito presso l'Archivio Provinciale. Quest'ultimo era nato nel 1908 grazie ad Almerico Meomartini, al tempo presidente della Deputazione Provinciale, che ne affidò la cura e la direzione ad un intellettuale di razza quale Antonio Mellusi. L'Archivio Provinciale divenne in breve tempo la maggiore istituzione cittadina nel campo, e l'unica in grado di garantire una adeguata conservazione di carte e documenti.

Negli anni Trenta, grazie soprattutto ad Alfredo Zazo, che al tempo si trovò a reggere sia l'Archivio Provinciale sia il Comune di Benevento, il fondo civico fu trasferito dalla sede comunale alla struttura archivistica della Provincia. In seguito, grazie ai direttori del Museo del Sannio, Mario Rotili ed Elio Galasso, il fondo fu ulteriormente incrementato dal versamento di nuove carte e fascicoli, che datano fino alla metà del XX secolo.

Papa Benedetto XIII, al secolo card. Vincenzo Maria Orsini, olio su tela, 1730 ca., coll. Archeoclub di Benevento

È indubbio che, per il Museo del Sannio, la conservazione dell'Archivio Civico costituisca uno dei compiti maggiori, compito al quale è stata sempre dedicata massima cura ed attenzione. Ad occuparsi di questo archivio, soprattutto nei decenni finali del XX secolo, è stata la funzionaria Gilberta Famiglietti, che ne ha curato la necessaria sistemazione, oltre che la puntuale e attenta regestazione. Il frutto di questo lavoro, durato oltre un decennio, viene ora raccolto in questa pubblicazione, che descrive minuziosamente la consistenza del fondo, dagli albori fino al 1799. I dati raccolti e pubblicati consentono non solo una facile ricerca all'interno del fondo, ma anche e soprattutto la possibilità di valutare e apprezzare i suoi contenuti, preziosi per conoscere e descrivere la storia politica e sociale della città.

L'Archeoclub di Benevento è stata lieta di poter contribuire alla divulgazione di questo lavoro, inserendo la pubblicazione del libro all'interno della sua collana di Quaderni, strumenti nati proprio con lo scopo di contribuire ad una scientifica costruzione storiografica del passato di Benevento e del Sannio. A ciò si aggiunge l'augurio che sia presto possibile accedere a nuovi contributi come questo, e che si sviluppi parallelamente una rinnovata sensibilità verso lo studio di queste preziose testimonianze del passato.

In conclusione è doveroso un sentito ringraziamento a Loredana Ficociello, già funzionaria del Museo del Sannio, per l'aiuto fornito in tutte le fasi preparatorie che hanno portato alla concreta realizzazione di questo volume.

Francesco Morante
presidente dell'Archeoclub
di Benevento

*Gli archivi, e molto spesso essi soli,
custodiscono impressa nelle carte
"la futura memoria delle cose"
poiché la cronologia è il
fondamento della storia,
è necessario accuratamente
investigare quella per dar
principio al racconto storico.**

Cardinale Vincenzo Maria Orsini

* De Spirito Angelo Michele: *L'attività archivistica del Cardinale V. M. Orsini nell'arcidiocesi beneventana* in *"Rivista della storia della Chiesa in Italia"* n. 1 (1988).

*Gonfaloniere, consoli e donzelli in
costume, sotto il dominio pontificio.
da Almerico Meomartini, Benevento,
Italia Artistica, n. 44, Istituto Italiano
d'Arti Grafiche, Bergamo 1909.*

Prefazione

Storia dell'Archivio Comunale in deposito alla Provincia

Solo ripercorrendo più di un secolo di storia della nostra città, riusciamo a comprendere le ragioni che oggi hanno portato l'Archivio Storico del Comune di Benevento ad essere conservato nel patrimonio archivistito del Museo del Sannio e ad essere consultato da numerosi studiosi accademici italiani e stranieri.

Nel 1909, da una Commissione di Studi costituita da Almerico Meomartini, Nazzareno Cosentini e Armando Ungaro, scaturì l'intento di istituire «*l'Archivio Storico Provinciale*» allo scopo di raccogliere e dare una sistemazione idonea alle le carte antiche relative alla storia di Benevento e del Sannio e fu così che il 14 giugno dello stesso anno si deliberò la sua nascita[1] nominando contestualmente direttore l'insigne storico l'on. Antonio Mellusi.

In via provvisoria, il complesso archivistico fu collocato negli ambienti del complesso di S. Sofia di proprietà dell'Orfanotrofio Vittorio Emanuele III.

Con morte del Mellusi avvenuta nel 1925[2] fu nominato nuovo direttore e conservatore prima dell'Archivio Storico, intitolato all'insigne scomparso, poi del Museo del Sannio, il Prof. Alfredo Zazo.

Sede definitiva dell'Archivio e Museo[3] fu il complesso di S. Sofia, in un primo tempo preso in locazione, successivamente acquistato dalla Provincia.[4]

Antonio Mellusi

---

[1] MdS A.S.C.B b.1, fasc. 1, 1909-1932 «Relazione per la istituzione di un Archivio Storico Provinciale» Benevento Tip. Forche Caudine.

[2] MdS A.S.C.B., Delib. n. 815 del 1926.

[3] MdS A.S.C.B., Delib. n. 531 del 1928.

[4] MdS A.S.C.B., Delib. n. 230, 1937, dic. 19.

Alfredo Zazo

Nel 1929 il prof. Zazo ritenne utile la istituzione di una Biblioteca a supporto bibliografico dell'Archivio Storico.[5]

L'istituto fu denominato «*Biblioteca e Archivio Storico Provinciale Antonio Mellusi*».

In questo periodo, il prof. Zazo per arricchire il fondo dell'Archivio Storico Provinciale chiedeva al Podestà del Comune di Benevento, di consentire il trasferimento di 113 volumi di pergamene appartenenti ai monasteri soppressi,[6] nonché dei libri del Liceo Giannone (ex fondo Gesuitico) ceduti dal Ministero all'Amministrazione Comunale per costituire il «*Fondo del Comune di Benevento*».

Solo nel 1932[7] furono trasferiti dall'Archivio del Comune all'Archivio Storico Provinciale 594 manoscritti relativi all'attività comunale svolta dal 1500 al 1860.

Successivamente al 1935 furono aggiunti 27 volumi riguardanti la Relazione del generale Federico Torre sulla leva dei giovani nati nel 1861 e delle vicende del Regio Esercito e successivamente nel 1936,[8] ulteriori 24 volumi dello stato civile (classi 1807-1813) redatti durante il governo di Talleyrand.

Tra il 1962 sotto la direzione del prof. Mario Rotili, ed il 1979 direttore prof. Elio Galasso, furono depositati nuovi documenti d'archivio fino al 1945[9] la cui consistenza è di oltre duemila pezzi tra volumi, registri e cartelle.

Il mio lavoro di ordinamento e schedatura riguarda la parte più antica dell'archivio storico comunale fino al 1799.

La scelta di questa data (1799) quale termine del mio lavoro di riordinamento archivistico, ha ragioni profondamente storiche. A parte gli anni passati sotto il governo borbonico (11 giugno 1768 - 23 maggio 1774) durante i quali non ci furono sostanziali cambiamenti nell'amministrazione della città, la vita comunale fu sempre regolata dagli statuti del 1588.

---

[5] MdS A.S.C.B. Delib. n. 161, 1930, sett. 19.

[6] MdS A.S.C.B Atto Pod. n. 1580, 1929, sett. 26, con l'obbligo di costituire «Il Fondo del Comune di Benevento».

[7] MdS A.S.C.B. Atto Pod. n. 991, 1932, sett. 13.

[8] Verb. di consegna 1936, lug. 31.

[9] Atto di Giunta, n. 190-1979, gen. 25. Non tutte le cartelle sono state depositate, come la serie dello «Stato Civile», e buona parte dei progetti che sono rimasti presso l'ufficio del Catasto.

Archivio Storico Comunale: Formazione, ordinamento e conservazione.

Il lavoro di riordinamento e ricostruzione storica dell'Archivio fa riferimento all'inventario a stampa «*Indice Generale di tutte le scritture*» del 1713[10] che rappresenta il primo intervento archivistico realizzato ai tempi del cardinale Vincenzo Maria Orsini, dopo i due disastrosi terremoti del 1688 e del 1702.

È nel 1710, 12 agosto, che i Consoli ricevono dal Rev. Canonico Troysi le carte che nel 1709 avevano consegnato all' Orsini dopo che avevano «*osservata ed ammirata la grande opera della ordinazione di tutte le scritture della Biblioteca e di questo Illustrissimo Capitolo Metropolitano e degli Archivi Ecclesiastici Urbani, e Diocesani*» e lo supplicano «*perché si fosse compiaciuto di prendere l'incomodo di riconoscere, ed ordinare nella stessa maniera le scritture del nostro Archivio, le quali da anni, ed anni stavano in deplorabile confusione*». L' Orsini «*affinché non fosse intervenuta veruna frode, stabilì una deputazione composta di un Vescovo, di Patrizi, di Civili, di Notary, li quali dopo di avere esaminato tutte le scritture se fossero autentiche e legali, le divisero in:*»

Pergamenacee (4 volumi con 174 pergamene)
Papyracee (140 volumi suddivisi in XI sezioni)

Tanto le carte *pergamenacee* quanto quelle *papyracee* furono lette, suddivise e accorpate secondo la materia trattata.

Dopo interventi di pulitura e restauro le pergamene furono cucite e piegate in volumi,[11] e in quasi tutti i 144 volumi furono redatti degli indici (in alcuni casi incompleti) inseriti all'inizio con apposta la firma autografa del Card. Orsini per dichiararne l'autenticità e l'esattezza.

Anche la scelta di riportare nell'inventario gli indici della maggioranza dei volumi è stata pensata come guida allo studioso, affinché, rendendosi conto della difformità delle materie trattate, possa comprenderne i contenuti.

Mario Rotili

---

[10] Abbiamo altri due inventari di consistenza del 1836 e del 1851; alla c. 168 dell'inv. del 1851 abbiamo notizia di tre vol. che sono andati perduti e l'allora segr. com. Cimbaroli così li descrive: «*Due volumi contenenti un Indice Generale delle scritture che si conservano nell'Archivio Comunale di questa città di Benevento il primo numerato di fogli 503 per rinvenire quello che in esso si contiene avevi un altro piccolo vol. che resta indicato col Titolo di repertorio Alfabetico dei Titoli dell'Indice suddetto*». Sicuramente questi vol. sono stati stilati nel 1732 dall'allora segretario de Pompejs: A.S.C.B. 2.IX.1.3 «Lettere ai Governatori» c. 11 r. del 1732, mag. 25; c. 11 v. del giu. 7, c. 20 dell'ag. 13; c. 25 sett. 6.

[11] Negli anni 1970-72 il direttore prof. M. Rotili fece scucire i suddetti volumi dando incarico di stirare e restaurare le pergamene alla legatoria Bocchini. Solo il vol. II si presenta nella forma originaria del 1710.

Tali volumi sono formati da quinterni di carta filigranata cuciti tra di loro, con copertina di pergamena o di cartone prolungata oltre il dente esterno sinistro recto in modo di essere ripiegata sul taglio del volume stesso, terminando con lacci di cuoio. Questo tipo di legatura è relativa ai volumi che datano fino al 1860.

Aprendo il volume nel piatto interno sinistro della copertina vi è una incisione raffigurante lo stemma del Card. Orsini, contornata dalla seguente dicitura «*Frater Vincentius Maria Ordinis Praedicatorum Miseratione Divinae Episcopus Tuscollanus et Reatinus Sacrae Romanae Ecclesiae Titolus Sancti Sixti praesbiteri Cardinalis Ursinus Sanctae Beneventanae Ecclesiae Archiepiscopus*».

Dopo una prima schedatura sommaria del fondo papyraceo che arriva fino al 1799 sono pervenuta alla ricomposizione delle XI sezioni Orsiniane:

I - Sacrae

II - Iurisdictionales

III - Iudiciales

IV - Circa contractus

V - Circa Privilegia, et favores

VI - Circa Electiones, et Syndicatus

VII - Circa Aggregationes

VIII - Circa Consilia

IX - Epistolares

X - Oeconomicae

XI - Varie

In questo modo i volumi delle varie sezioni Orsiniane si presentano come «*teste di serie*» pertanto quelli posteriori al 1710 sono stati di conseguenza inseriti. Dato questo nuovo accorpamento alcuni volumi non trovavano nessuna rispondenza nelle XI sezioni, così è stata creata una nuova sezione la «O» comprendenti gli Statuti manoscritti del 1588,[12] e i volumi che riguardano le normative ossia Editti, Bandi e Capitoli.

I fondi: quello pergamenaceo è stato contraddistinto col numero 1, quello papyraceo col numero 2, mentre ciascuna sezione è contraddistinta da un numero romano. Ogni sezione è divisa in sotto sezioni che a loro volta sono indicate con numeri

---

[12] Benevento ha avuto altri due Statuti: il 1° del 1202 di Papa Gregorio IX, il testo è in Borgia «Memorie istoriche della Pontificia città di Benevento» Roma 1764, II pp. 409-434; G. Intorcia «Civitas Beneventana» Benevento 1981, pp. 81-90. Il 2° del 1441, di Papa Eugenio IV. La copia integrale di tale statuto è della fine del 1400, regalato alla Biblioteca Capitolare di Ben. dall'Abate Giovanni Giordano, vi sono altre normative che modificano lo Statuto: Bolla di Pio II 1459 sett. 23, Breve del mag. 3; Bolla di Sisto IV, sett. 2.

arabi. Ciò significa ad esempio che l'indicazione: 2.1.1 sta per fondo papyraceo, sezione I (Sacrae) sotto sezione 1 vol. 1, 2, 3 ... e così di seguito.

Si è adottato inoltre il numero di corda per conoscere la consistenza dell'archivio e che sarà rispettato in tutto il lavoro.

Nell'inventario sono state riportate tutte le numerazioni che compaiono sul dorso dei volumi mettendo in evidenza i volumi Orsiniani. Alcuni dei 144 volumi e di altri esistenti nel 1744 sono andati perduti ma si è potuto in parte colmare tale perdita trascrivendo gli indici estratti dal volume I di un altro fondo «*Archivio nobili Comunità.*»

I volumi perduti sono regolarmente segnalati nella seconda finca del prospetto.

I primi Consigli Comunali: Interventi di ordinamento ed inventariazione.

Fino all'inizio del 1600 non esisteva una sede stabile dove tenere le sedute consiliari.

Le carte venivano riposte in casse di legno che trovarono una fissa dimora solo nel 1480 quando furono depositate nel convento di S. Francesco ed ivi restarono fino al 1621. Furono in seguito trasportate nella sagrestia della Chiesa dedicata all'Annunziata dove si sarebbero tenuti i successivi consigli.

Il Primo intervento «archivistico» risale al 1489 quando nella seduta consiliare del 1° gennaio il Governatore Francesco Maria de Scellonibus d'accordo con «*omnium nobilissimorum senatorum*» deliberò di dare l'incarico al notaio Francesco Favagrossa «*fide digno cancellario*» *affinché* trascrivesse in un registro «*Privilegia, Bullae et Brevia Summorum Pontificum, Imperatorum et Principum*».[13]

In quella stessa adunanza si decise di raccogliere ogni documento di pubblico interesse esistente presso i privati cittadini.

Una delle cause che ha contribuito a disperdere le carte di archivio di quel periodo è nella concessione fatta ai privati cittadini, ai notai, ai pubblici funzionari di estrarre dall'«*arca*» documenti riguardanti interessi privati e pubblici.

Nella maggior parte dei casi le fonti consultate o non erano restituite o, se lo erano, risultavano danneggiate da abrasioni o mutilazioni.

---

[13] Questo vol. è intitolato «*Indice di tutti gli Indici, che sono ne Tomi ò sian volumi della Communità di Benevento*». Questo Archivio fu iniziato nel 1742 e completato nel 1744 dopo una supplica al Santo Pontefice da parte dei Deputati della Nobiltà, per poter estrarre copia di moltissimi documenti esistenti nell'Archivio della Communità, «*comprovanti prerogative ed interessi sì Civili che Economici dello Stato Nobile della Communità*».

Aggiungiamo a quanto detto la leggerezza e l'incompetenza o dei Consoli, o dell'archivista, o del Cancelliere o del Notaio, al punto da dover far intervenire da Roma i Visitatori Apostolici.[14]

È interessante ricordare che Mons. Goffredo Lomellini *«Generalis Commissarius et Visitator Deputatus»* nominato il 13 novembre 1587 da Papa Sisto V, emanò 41 disposizioni di cui dalla 28ª alla 41ª sono specifiche sulla necessità impellente di formare un Archivio pubblico e un Archivio notarile.[15]

Contemporaneamente furono emanati gli Statuti del 1588.

Non era facile recuperare il materiale perduto, con Bolla del 13 maggio del 1598[16] Clemente VIII comminava una scomunica a chiunque avesse ardito estrarre, asportare e tenere presso di sé documenti.

È emersa inoltre la necessità di dare alle stampe gli Statuti, i Brevi e le Grazie[17] nonché l'esigenza di il voler costruire nella Rocca[18] due ambienti, uno da adibire a sede per l'Archivio e l'altro per la Cancelleria Criminale inoltre allo scopo di evitare dispersioni, il volere che l'ufficio dell'Archivista viene esercitato dal Cancelliere.[19]

---

[14] S. Borgia, *Memorie Istoriche*, op. cit. III, pp. 318 e seg.: nell'Arch. S. Sofia, vol. VIII, n. 62 del 1371, ag. 27 e pp. 319 e seg.: Arch. di S. Pietro vol. II n.12 del 1372, nov 15, notizie di Consigli che si tenevano nella Cattedrale; ivi, pp. 318 e seg.: nel 1480 il Magistrato e il Consiglio trovano sede in una casa presso la Chiesa di S. Francesco di proprietà della Confraternita di S. Spirito ceduta alla città sotto richiesta degli otto Consoli di Angelo Catone, dottore nelle arti e nella medicina, a Papa Sisto IV. La casa doveva inoltre servire a conservare *qua pro utilitate publica uti possit, et iniqua bellica in strumenta, armamenta, munitiones, scripturaeque publice servari* a condizione che i Consoli di pagassero alla Confraternta una congrua pensione; ivi p. 414 un Consiglio nel Monastero di S. Sofia nel 1482, ag.13; p. 426 nella Chiesa dell'Annunziata nel 1493, nov. 16 durante l'insediamento del Gov. Francesco de Massimi, nominato con Bolla di Alessandro VI del 1493, nov. 3 p. 424.

[15] A. ZAZO «*Regestum Privilegiorum Favagrossa*» Samnium 1946; BOSCIA e BOVE «*Palazzo Paolo V: Tipologia e Storia*» per. B27 del 1989; E. Galasso, «*Benevento nel Duecento attraverso i documenti pontifici dell'Archivio Civico*» in Saggi di Storia beneventana» Benevento 1963, pp.5-15.

[16] MdS, A.S.C.B. 1.II.5 *Brevia Summorum Pontificum*; MdS, ASCB, I.18 *Bullae Summorum Pontificum* 1593, febb. 9: Clemente VIII commette all'Arciv. di esortare nella C pp. chiese pubblicamente coloro che tengono scritture spettanti alla Città, e contro i contumaci proceda con la scomunica, 1593, febb. 9; MdS, ASCB, 2.VIII.1.3 *Circa Consilia*: fu deliberato di spedire un ordine del Gov. contro chi tenesse le scritture della città, 1589, giug. 27 c. 143; MdS, ASCB, 2.IX.5.3 *Epistolares*: Lettera dei Consoli all'Agente perché si faccia consegnare da Mons. della Vipera le scritture appartenenti alla città, 1605, genn. 8, c. 1; MdS, ASCB, 2.VIII.1.11 *Circa Consilia*: Si deliberò di eleggere Dazio Lanti ad accomodare l'Archivio confuso ed unire i Processi e scritture che sono tra i particolari, 1620, ag. 26.

[17] MdS, ASCB, 2.VIII.1.6 *Circa Consilia*: Fu concluso di farsi un libro ed ivi registrarsi tutti i negotii della città. Decide di farsi stampare i Brevi e le Grazie, 1598, sett. 13, c. 22; 2.VIII.1.7 *Circa Consilia*: Si risolve di farsi stampare i Statuti Brevi e Grazie concedute da Sua Santità per *lo quale si danno duc. 30 a Vincenzo Laudio libraro*, 1602, mag. 27, c. 22 r.

[18] MdS, ASCB, 2.VIII.1.8 *Circa Consilia*: *Si delibera di farsi l'Archivio delle scritture criminali*, 1608, dic. 15, c. 146.

[19] MdS, ASCB, 2.VIIII.1.8 *Circa Consilia*: *Si delibera che l'ufficio dell'archivista si eserciti dal Cancelliere*, 1609, genn. 24, c. 179.

Terminato il «*Palatium Civitatis*» non essendoci stanze da adibire ad archivio, il Governatore Carlo Barberini, fratello di Papa Urbano VIII,[20] intercedendo per la città fece sì che il Papa emanasse un Breve il 14 ottobre 1628 dove concedeva al Comune «*emolumenta, fructus, redditus et proventus*» dell'Archivio Civile[21] e emanò delle disposizioni.[22] In seguito il 28 dicembre 1628 furono eletti i Deputati per la fabbrica dell'Archivio essendosi ottenuti per tale effetto da S. Santità gli emolumenti di esso.[23]

Il Card. Barberini, pur lontano da Benevento, inviò una lettera il 27 gennaio 1629 al Vice Gerente Ricci suggerendogli di destinare una stanza del Palazzo Magistrale[24] quale sede dell'archivio. Se ciò non fosse stato possibile, suggeriva la costruzione di una sede idonea all'interno del Palazzo che, con i proventi dell'Archivio il Comune, si sarebbe rifatto delle spese.

La fabbrica incominciò il 21 maggio 1629[25] e il 2 gennaio 1630,[26] superando molte difficoltà, il Vice Gerente Ricci informò il Prefetto della Sacra Congregazione del Buon Governo dell'avvenuta realizzazione dell'Archivio.

Già il 1° marzo del 1631 i Consoli comunicarono ai responsabili della Sacra Congregazione del Buon Governo di avere deliberato la composizione di un sommario delle Bolle Pontificie da conservarsi nella Cancelleria del Comune.[27]

Contemporaneamente il Prefetto degli Archivi mandò istruzioni circa l'osservanza dei Bandi emanati per gli Archivi.[28]

Nel 1632, il 7 Agosto la Sacra Congregazione del Buon Governo «*approva che si spendessero 126 ducati per fare scansie da*

---

[20] A. ZAZO, *Innovazioni nella Benevento del 1600*, Samnium 1962. Arch. di Stato di Roma, *Buon Governo* b. 472.

[21] MdS, ASCB, 2.X.3.2 *Oeconomicae* c. 8.

[22] MdS, ASCB, 2.VIII.1.13 *Circa Consilia* 1628 dic. 28 c.2 44 *Furono fatti i Deputati per la fabbrica dell'Archivio essendosi ottenuti per tale effetto da S. Santità gli emolumenti di esso.*

[23] MdS, ASCB, *Brevia Summorum Pontificum*, 1.II.5

[24] A. ZAZO, *Innovazioni nella Benevento del 1600*, op. cit.

[25] MdS, ASCB, 2.VIII.1.10 *Circa Consilia* c. 267.

[26] A. ZAZO, *Innovazioni nella Benevnto del 1600*, op. cit.

[27] MdS, ASCB, Archivio Nobili Communità Tomo XIII cc. 131v. *In questo periodo vi erano a Benevento 5 Archivi Pubblici: quello della Nobiltà Patrizia nel Chiostro del Gesù, quello della Comunità quello dei notai e quello della Corte civile situati nel palazzo della città, l'Archivio Arcivescovile, e la Biblioteca Metropolitana, eretti tutti con Autorità Pontificia.*

[28] MdS, ASCB, 2.IX.5.5 *Epistolares* 1630, marzo 27 *Mons. Pref. degli Archivi manda alcuna istruzione d'ordine di N. S. sopra l'osservanza de bandi emanati per gli Archivi; ivi aprile, 20 c. 29 lo stesso raccomanda a Mons. Gov. di non far trascurare la perfezione per l'archivio; 2.IX.1.2 1630, ag. 20 c. 67 lo stesso prega il Gov. a dare ogni aiuto a favore dell'archivista per istabilire e perfezionare l'archivio qui eretto; 2.VIII.1.13 op. cit. 1630, apr. 14 c. 274. Furono fatti i Deputati per riconoscere i banni pubblicati, concernenti il nuovo Archivio.*

conservare le scritture della Comunità nel Palazzo Magistrale, come anco per fare sedie, sgabelli e buffetti per uso del medesimo,[29] *e che all'appalto dell'Archivio si ammettessero solo persone della professione di Notaro accompagnata da integrità e sapere».*[30]

La peste che infuriò nel 1656 e la continua negligenza dei funzionari nel fare applicare le norme archivistiche vigenti fecero disperdere moltissime carte per cui si rese necessario, nel 1661, la visita di un nuovo Commissario e Visitatore Apostolico, Filippo Bescapè, con l'incarico speciale di riferire sull'andamento dell'Archivio Comunale.

Nel gennaio 1662 egli emanò dieci disposizioni molto severe sul comportamento e sui doveri dell'Archivista e del Notaio. Le loro inadempienze sarebbero state punite con la galera e la remissione dell'ufficio.[31]

Da una relazione dei Consoli,[32] dopo i due tremendi terremoti del 1688 e del 1702, si apprese che i maggiori danni nel Palazzo Magistrale *«sono proprio nella stanza che conteneva i processi ed atti civili della Curia laicale ed in quella della Segreteria del Magistrato racchiudenti le materie giurisdizionali, conti communitativi notizie dei confini della Città e suo Contado ed altre scritture rilevantissime».*

È di questo periodo l'intervento più importante sulle carte d'archivio ossia la consegna ai Consoli dei 144 volumi rilegati e suddivisi per materia del 12 agosto del 1710.[33]

Nel 1720[34] la Sacra Congregazione del Buon Governo *«vuole che si ponghi in consiglio l'istanza data da Niccolò Campese per la ricognizione della fatica fatta in mettere in ordine li processi ritrovati sotto le macerie de terremoti, e dal medesimo si risolve doversi riconoscere detta fatica dalla Camera, per essere le scritture criminali.*

Si propone essersi recuperate da mano di particolari molte scritture appartenenti a questa Communità e perciò esser bisogno alligarle in diversi tomi, siccome sono stati alligati in 30 tomi per la di cui spesa esserci andata molta spesa di copisti, librari ed altro. Il Consiglio ordina che si paghi la licenza da ottenersi dalla Sacra Congregazione del Buon Governo ed incarica la prosecuzione dell'incominciata opera.»

---

[29] MdS, ASCB, 2.IX.1.2 c. 19.

[30] MdS, ASCB, 2.IX.I.2, 1632, marzo 20 c. 69.

[31] MdS, ASCB, 2.XI.1. *Varie.*

[32] A. ZAZO, *Samnium* 1962 Arch. Stato di Roma, *Buon Governo* b. 478.

[33] MdS, ASCB, 2.IX.1.9 *Epistolares.*

[34] MdS, ASCB, 2.VIII.1.24, *Circa Consilia* maggio, 1 c. 55.

L'11 ottobre 1727 il Governatore Rizzardo Isolani informò il Prefetto del Buon Governo che i Mastrodatti che tenevano l'appalto dell'archivio, al termine dell'ufficio, ma li occultavano senza consegnarli alle parti. Il 23 febbraio 1728, era promulgato un editto per porre riparo «*a tanto sconcio*».

Nel 1732 in uno scambio di corrispondenza il de Pompeys scrive che grazie a questi interventi fu possibile recuperare moltissime carte che sono state lette suddivise e cucite e dei 144 volumi del 1710 si sono arricchiti nel 1732 di oltre 100 volumi.

Gilberta Famiglietti

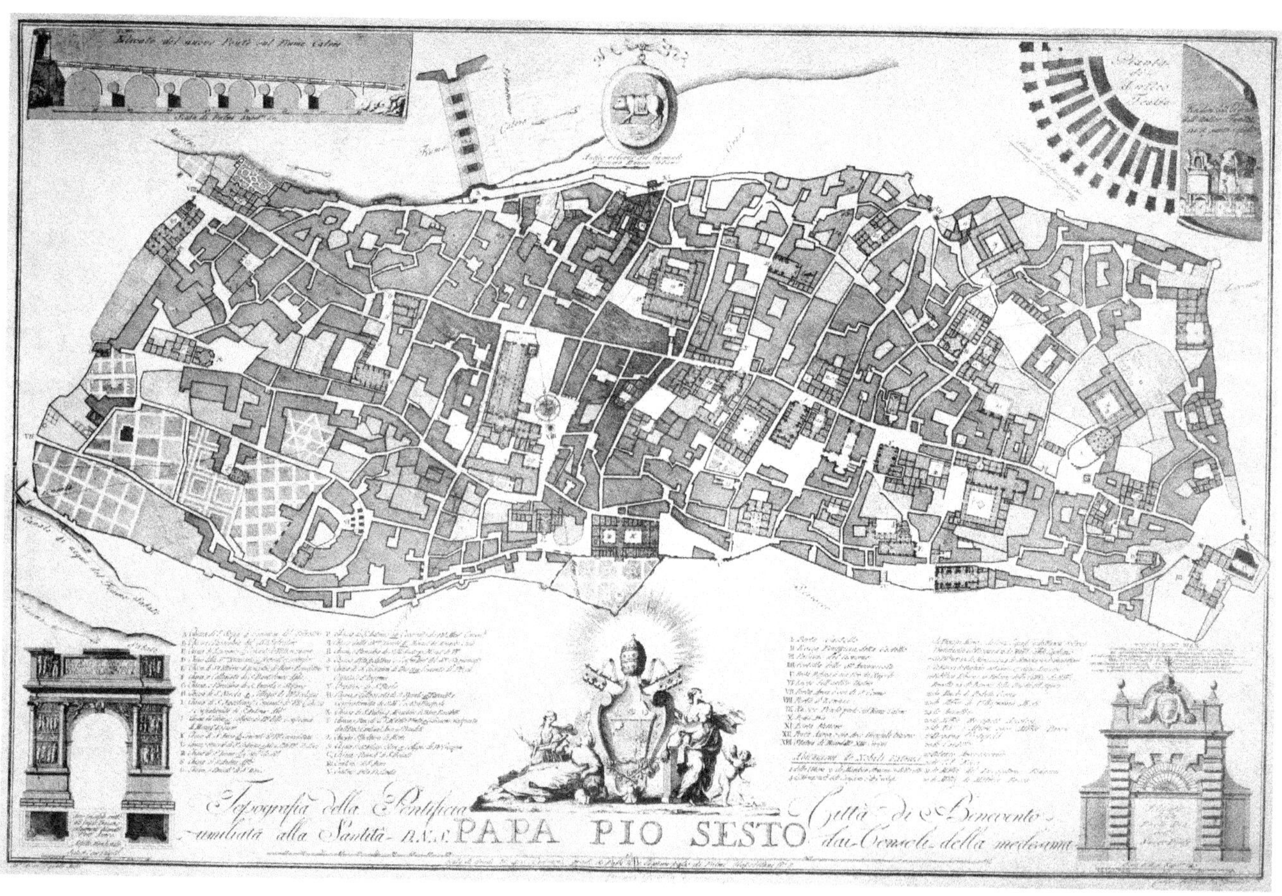

Saverio Casselli, *Topografia delle Pontificia Città di Benevento*, 1781

No	Nuova numerazione	*Titolo*	Caratteri estrinseci	Antica numerazione	Indice
1	1.1.1	**BULLAE SUMMORUM PONTIIFICUM, ET SEDIS APOSTOLICAE LEGATORUM (1221-1592) TOMO I**	Cop. perg 24 perg. scucite e stirate con indice **visto del Card. Orsini 1710, gen. XX v. 1**		§ I (n° 1; 1400): Circa absolutiones a censurjis § II (n° 2, n° 3; 1482-1513): Circa Archiepiscopos. § III (n° 4, n° 5; 1478): Circa Beneficia Ecclesiastica conferenda. § IV (n° 6, n° 7; 1309-1424): Circa Gubernatores, eorumque Officiales. Sectio I: Circa Gubernatores, seu Rectores. Sectio II: (n° 8; 1400): Circa Marescallos, seu Barigellos. Bona Camerae Apostolicae. § V (dal n° 9 al n° 11; 1400-1401): Circa bona Camerae Apostolicae. § VI (n° 12, n° 13; 1234-1266): Circa Privilegia et Statuta Civitatis. § VII (dal n° 14 al n° 16; 1255-1266): Circa libertates et exemptiones Civium in Regno. § VIII (n° 17; 1350): Circa confinia et limites. § IX (n° 18; 1593): Circa Scripturas et Archivium Civitatis. § X (n° 19; 1347): Circa judicia, et cognitiones causarum. § XI (n° 20, n° 21; 1401-1592): Circa Census Contractus et Conventiones. § XII (n° 22; 1296): Circa confugientes ad Civitatem. § XIII (n° 23; 1358): Circa Regnicolas, et Regni Barones. § XIV Sectio I: (n° 24; 1221): Circa varia coniunctim: I - Circa occupationes bonorum alienorum. II - Circa Collectas. III - Bulla Honori I. Sectio 2: (n° 25; 1459): I - Circa Privilegia Civitatis. II - Circa Gabellas Carnium et Vini. III - Circa iudicia. IV - Circa Onera non imponenda. V - Circa Laicos familires Praelatorum. VI - Circa Clericos, quoad Gabellam Vini. VII - Circa Statuta Civitatis. VIII - Circa Sindicatum Rectoris et eius Vicarii. IX - Circa Cives et Incolas quoad officia Rectoratus et alia. X - Circa Iudeos. XI - Circa Ecclesiam Metropolitanam et Archiepiscopos.

No	Nuova numerazione	Titolo	Caratteri estrinseci	Antica numerazione	Indice
2	1.1.2	**BREVIA SUMMORUM PONTIFICUM** (1417-1745) **TOMO II**	v. leg. perg. con indice 99 perg. **visto del Card. Orsini 1710, feb.XII v. 2**		**PARS I** § I (n° 1; 1481): Circa Arcem. § II (n° 2, n° 3; 1488-1634): Circa Archiepiscopos § III (n° 4, n° 5; 1598-1628): Circa Archivum et scripturas Civitatis. § IV (dal n° 6 al n° 9; 1483-1503): Circa bella et aliqua occasione ipsorum. § V (dal n° 10 al n° 14; 1567-1585): Circa census, contraectus et conventiones. § VI (n° 15; 1513): Circa Cives novos, seu adscriptos. § VII (dal n° 16 al n° 21; 1478): Circa Commissarios, aliosque a Pontificibus ad Civitatem transmissos § VIII (n° 22; 1483): Circa Confinia. § IX (dal n° 23 al n° 25; 1487-1600): Circa confugientes ad Civitatem. § X (n° 26; 1505): Circa Conventum S.Laurentii. § XI (n° 27; 1505): Circa Crimina et criminosos § XII (n° 28; 1570): Circa debitores. § XIII (n° 29; 1484): Circa Doctores creandos. § XIV (n° 30; 1504): Circa Ecclesiam Metropolitanam, eiusque Cappellanias. Sectio I: Circa. Ecclesiam Sectio II (n° 31): Virginis de Circa Cappellaniam Assumptionis Beatae Pignatariis. § XV (n° 32; 1544): Circa Fratres juratos et eorum societatem. § XVI (dal n° 33 al n° 42; 1471-1563): Circa Gabellas. § XVII (dal n° 43 al n°50;1473-1623):Circa Gubernatores. § XVIII (n° 51; 1592): Circa hospitale SS. Annunciationis. § XIX (n° 52, n° 53; 1550-1579): Circa Indulgentias et Jubilaea. § XX (n° 54; 1510): Circa judicia et cognitionis causarum. § XXI (dal n° 55 al n° 58; 1465-1540): Circa moenia, pontes et vias. § XXII (n° 59; 1558): Circa Moniales. § XXIII (n° 60, n° 61; 1479-1487): Circa Notarios creandos et deputandos. § XXIV (n° 62, n° 63; 1508): Circa Nundinas. § XXV (dal n° 64 al n° 67; 1483-1567): Circa

No	Nuova numerazione	*Titolo*	Caratteri estrinseci	Antica numerazione	Indice
					Officiales et Officia Civitatis.
					§ XXVI (n° 68; 1486): Circa Oratores a Civitate missos.
					§ XXVII (dal n° 69 al n° 73; 1493-1523): Circa pacem et quietem Civium.
					§ XXVIII (n° 74; 1485): Circa Pascua.
					§ XXIX (n° 75; 1560): Circa Privilegia et statuta Civitatis et Civium.
					§ XXX (dal n° 76 al n° 78; 1488-1496): Circa Reges.
					§ XXXI (n° 79; 1598): Circa Regnicolas et Regni Barones.
					§ XXXII (dal n° 80 al n° 82; 1480-1548): Circa statuta civitatis scorsim.
					PARS II
					§ I (n° 83; 1483): I - Circa Privilegia. II - Circa Officium Magistri Actorum. III - Circa Statuta.
					§ II (n° 84; 1485): I - Circa Vexillum Pontificium. II - Circa Vicarium Temporalem. III - Circa gabellas et Officium damnorum datorum. IV - Circa Pascua. V - Circa vota in consilio non procuranda.
					§ III (n° 85; 1485): I - Circa electionem Consiliariorum. II - Circa Gubernatorem. III - Circa Privilegia.
					§ IV (n° 86; 1486); I - Circa damnum belli tempore illatum et exemptiones, ac privilegia. II - Circa prohibitionem militandi ad aliena stipendia et victualia Regnicolis vendendi. III - Circa absolutionem a censuris. IV - Circa Indulgentias. V - Circa Archiepiscopum Cybo. VI - Circa Statuta.
					§ V (n° 87; 1523): I - Circa Privilegia et Statuta. II - Circa Gubernatores. III - Circa Consilia, seu parlamenta. IV - Circa sigillum Universitatis.
					§ VI (n° 88; 1535): I - Circa Privilegia. II - Circa societatem Fratrum Iuratorum. III - Circa territoria Civitatis defendens. IV - Circa locum nuncupatum Saglieta. V - Circa tempus franchitiarum in nundinis S. Bartholomaei. VI - Circa paleam dandam Gubernator. VII - Circa Officiales Gubernatoris et Vicarios Archiepiscoporum quoad sindicatum. VIII - Circa Iudicem super consis triginta carolenos non excedentibus. IX - Circa jurisdictionem Communitatis in quator nundinis. X - Circa terminum appellationum. XI - Circa officium Actuariorum Curiae temporalis.
					§ VII (n° 89; 1539): I - Circa Poenam Vulnerantium et percutentium. II - Circa officium Marescalli. III - Circa pedites armatos a

No	Nuova numerazione	*Titolo*	Caratteri estrinseci	Antica numerazione	Indice
					Gubernatore tenendos. IV - Circa judicium, quoad causas summam duorum ducatorum non excedentes. V - Circa Consules ad judicium tempore Magistratus non trahendos. VI - Circa jurisdictionem Communitatis in exteros tempore nundinarum.
					§ VIII (n° 90; 1547): I - Circa Officia Civitatis: II - Circa Regni Barones et nobiles adscriptos inter cives. III - Circa carnes pro usu Hebraenorum, Christianis non vendendas. IV - Circa gabellam vini.
					§ IX (n° 91; 1535): I - Circa telam judiciariam in causis servandam. II - Circa vinum forense. III - Circa Privilegia. IV - Circa sindicatum Gubernatoris, aliorumque Officialium. V - Circa absolutos a delictis denuo non molestandos. VI - Circa officia Procuratoris fiscalis; et Notariatus in causis criminalibus. VII - Circa Cives praeferendos in contractibus locationum etc. VIII - Circa horrea Hebraeis vetita ad vendenda.
					§ X (n° 92; 1566): I - Circa Privilegia et statuta Civitatis et societatem Fratrum Iuratorum. II - Circa exemptionem Hospitalis SS. Annunciationis et eius Officialium. III - Circa yudicium causarum in primis et secundis instantis. IV - Circa bannitos in Civitate commorantes. V - Circa Regnicolas, quoad officia publica Civitatis. VI - Circa durationem Officiorum. VIII - Circa causas decem scutorum summam non excedentis summarie cognoscendas. IX - Circa eos, qui ad cessionem bonorum confugerunt.
					§ XI (n° 92; 1588): I - Circa Privilegia. II - Circa Statuta. III - Circa appellationem in causis criminalibus. IV - Circa exemtionem Civitatis ab impositionibus generalibus in statu Ecclesiastico, nisi sit expresse nominata. V - Circa beneficia Ecclesiastica originariis conferenda. VI - Circa Bannitos ex Regno Napolitano. VII - Circa confiscationem bonorum.
					§ XII (n° 94; 1589): I - Circa Vicarios Generales Archiepiscoporum quoad Syndicatum. II - Circa Officia Civitatis. III - Circa Padulenses, vel alios Regnicolas quoad perturbationem juririsdictionis, vel Territorii.
					§ XIII (n° 95, n° 96; 1634-1724): I - Circa Statuta et Privilegia Civitatis. II - Circa confiscationem bonorum. III - Circa judicium causarum in primis et secundis instantiis. IV - Circa cautiones de non offeendendo. V - Circa bannimenta generalia Civitatem non comprehendentia, nisi fuerit expresse nominata.
					§ XIV (n° 97; 1634-1724) I - Circa electionem Pro-Gubernatoris in casu mortis Gubernatoris.
					§ XV (n° 98, n° 99; 1728-1751) I - Breve Benedicti XIV. II - Breve Benedetto XIII.

No	Nuova numerazione	*Titolo*	Caratteri estrinseci	Antica numerazione	Indice
3	1.1.3	**DIPLOMATA IMPERATORUM REGIUM, ET PRINCIPUM (1191-1495) TOMO III**	Cop. in. perg. perg. scucite e stirate Con indice **Visto Card. Orsini 1710, gen. XXII v. 3**		§ I (dal n° 1 al n° 18; 1191-1495): I - Privilegia, Mandata et Capitula favore Civitatis et Civium. § II (n° 19; 1453): Supplices libelli ad Pontifices missi pro Civibus et Civitate. § III (n° 20; 1483): Delegationes pro controversis dirimendis. § IV (n° 1, n° 22; 1413): Pertinentes ad particulares.
4	1.1.4	**VARIA SPECTANTIA AD COMMUNITATEM ET PARTICULARES. (1384-1673). TOMO IV**	Cop. in perg 33 perg. scucite e stirate con indice **Visto Card. Orsini, 1710 gen. XXIII v. 4**		**PARS I** Completens spectantia ad Communitatem § I (dal n° 1 al n° 19; 1563-1673): I - Circa Privilegia. II - Circa Iurisdictionem. III - Circa bona, confinia et scripturas eorumque occupatores, et Conscios. IV - Circa novum Consilium et Consiliarios eligendos inter Nobiles. V - Circa publicationes Bannorum. VI - Circa libertates et franchitias Civium. § VII - Circa Gabellas VIII - Circa Macellum. IX - Circa Census. X - Quietationes pro pecuniis solutis. § II (n° 20; 1451): Sententiae sacri Consilii Napolitani. Sectio unica. Circa Privilegia. § III (n° 21; 1484): Consilia, seu parlamenta. Sectio unica. Circa Clausuras et Defensas. § IV (dal n° 22 al n° 27; 1524-1578): I - Emptiones. II - Possessiones captae. III - Solutiones debitorum. **PARS II** Spectantia ad Particulares: § I (dal n° 28 al n° 29; 1600-1662): Monitoria et Inhibitiones. § II (n° 30; 1582): Aggregationes inter Cives. § III (n° 31; 1535): Mandata Procurationem ad possessionem capiendam. § IV (n° 32; 1384): Datalia. § V (n° 33; 1567): Protestationes pro pecuniis solvendis.

*Palazzo Paolo V agli
inizi del Novecento, da
Almerico Meomartini,
Benevento, Italia Ar-
tistica, n. 44, Istituto
Italiano d'Arti Grafi-
che, Bergamo 1909.*

SECTIO «0»: STATUTO, CAPITOLI, BANDI

Numero 1 dell'inventario è lo **Statuto del 1588** ratificato con firma autografa di **Papa Sisto V** e sottoscritto dai consoli **Antonio Griso e Antonio Rubino**, è rimasto in vigore fino al 1799. Questo manoscritto è stato più volte stampato, l'ultima ristampa è del 1717 voluta dal Card. Vincenzo Maria Orsini

Nello Statuto troviamo tutte le norme che regolavano la vita cittadina sia in campo civile che penale. Esso è suddiviso in tre parti: la prima riguarda l'ordinamento costituzionale, la seconda le norme civili, la terza la materia penale. L'Archivio rispecchia il rispetto e l'applicazione di dette norme, più altre promulgate dopo il 1588 come la bolla *"Pro Commissa"*, più comunemente chiamata *"De bono Regimine"* composta di 31 articoli che regolavano tutta l'amministrazione comunale. Si tratta di una Bolla promulgata il 15 agosto 1592 da papa Clemente VIII e che doveva essere letta almeno due volte l'anno nei consigli comunali. Nessun amministratore poteva entrare in carica se non dopo averne giurato l'osservanza.

Lo Stato Pontificio dopo la riforma sistina aveva suddiviso il suo territorio in quattro classi gerarchiche a secondo dell'importanza delle città e Benevento faceva parte della prima classe chiamata prelatizia poiché nominava con breve pontificio un prelato **Governatore** (come suo rappresentante) a capo della Città. Questi doveva vigilare sull'operato degli esponenti eletti ad amministrare la città, era tenuto a far rispettare le direttive imposte da Roma sottoponendo al giudizio della Sacra Consulta i casi più gravi sotto il profilo politico, e alla Congregazione del Buon Governo quelli attinenti problemi di carattere economico e amministrativo.

Il **Governatore** (o il Vice Governatore o il Luogotenente che sostituivano il Governatore quando era assente) doveva essere **forestiero**, affinché non subisse condizionamenti nell'espletamento del suo operato ed era affiancato dal **Vicario Temporale** (anche lui nominato dalla R.C.A.) che a sua volta doveva essere *juris peritus, doctor, et praticus* per l'amministrazione della Giustizia. Al Governatore spettava il potere della suprema giurisdizione e quella Criminale, la giurisdizione civile spettava al Vicario Temporale. Dal Governatore dipendeva il *«Bargello»* che era il capo del servizio della polizia a cavallo il quale aveva alle sue dipendenze dodici *«Birri»* ben armati e robusti.

Lo Statuto prevedeva che capo del comune fosse il Sindaco, il quale aveva la procura legale della città in tutte le controversie, curava i ponti e sovrintendeva il settore edilizio ed urbanistico, faceva estirpare nel mese d'aprile arbusti e radici, edera ed erbacce dalle mura e dai ponti della città. Egli veniva eletto l'8 di settembre insieme al Tesoriere, al Segretario, al Procuratore Fiscale e all'Agente in Roma; gli organi che lo affiancavano erano il Consiglio e il Magistrato.

Ogni due anni alla festa di S. Michele, l'8 maggio, si eleggeva **il Consiglio formato da 48 consiglieri** suddivisi in dodici rappresentanti per ogni ceto sociale ossia: **Nobili, Mercanti, Artisti e Agricoltori**, queste denominazioni rimarranno fino al 1747. Dopo tale data i Nobili verranno denominati *Nobili Patrizi*, in quanto che «i primi Costituenti per Nobili intendevano Nobili di prima sfera, per Mercanti non intendevano persone che materialmente esercitavano un vile impiego ma persone facoltosissime, che vivevano con decoro e splendore more Nobilium e verranno chiamati *Nobili viventi*. Per Artisti non intesero quelle persone che esercitavano Arti vili, ma quelli, che esercitavano Arti liberali e verranno denominati *Civili e Letterati*. Per Agricoltori non intesero quelle persone mercenarie che coltivavano i campi, ma persone benestanti che mediante i mercenari facevano coltivare le proprie masserie e tenuti a loro spese, erano esperti nella nobile arte dell'agricoltura e verranno denominati *Popolari Probi e Benestanti*» (2.VIII.25, c. 423) a cui segue lettera di approvazione del 20 sett.1747 del Card. Valenti).

Sempre l'8 di maggio (cap. 2°) venivano eletti due **Maestri** dell'«*Hospitalis Annuntiae*» aventi almeno quarant'anni. Uno era scelto tra i nobili e uno tra i popolari. Venivano altresì eletti dodici Capitani *Fratrum Iuratorum* per conservare la pace in Città, colpire i facinorosi e difendere la libertà della Chiesa (cap. 3°).

Fra i 48 Consiglieri, organo deliberativo, venivano eletti con voto segreto otto Consoli che nel loro insieme costituivano il Magistrato che formava l'organo esecutivo. Essi venivano rinnovati ogni quattro mesi ruotando nelle cariche in modo che ogni Consigliere diventasse Console. Questo fino al 1737 allorquando Papa Clemente XII con Chirografo del 15 giugno stabilì che a ogni elezione fossero rieletti uno o più membri del Magistrato uscente, per garantire la continuità degli affari in corso.

Il **Magistrato** doveva eseguire le deliberazioni emanate dal Consiglio, far rispettare e applicare correttamente le decisioni papali, doveva difendere i più deboli, ossia i poveri, i fanciulli, le vedove e vigilare tutti i settori dell'amministrazione. Due per i Consoli ogni settimana dovevano insieme all'avvocato dei poveri andare a visitare i carcerati civili e criminali nelle prigioni della Curia Temporale per assicurarsi interrogandoli, che non subissero ingiustizie.

Il **Magistrato** svolgeva il controllo interno all'organizzazione comunale, come si evince, oltre che da una lettera circolare del 18 ottobre 1696, anche da un editto del Card. Imperiali del 25 giugno 1707. Egli doveva inoltre vigilare sugli esattori comunali, accertando che versassero regolarmente alle scadenze stabilite le somme dovute a titolo di imposte Camerali ai Tesorieri e fossero in regola con le giustificazioni dei pagamenti.

L'amministrazione Comunale era sottoposta al controllo della **Sacra Congregazione del Buon Governo** in materia fiscale e alla **Sacra Consulta** sotto il profilo politico. Le cause della Comunità erano difese dal **Procuratore fiscale** che veniva eletto dal Consiglio previa approvazione della Congregazione del Buon Governo e non poteva essere rimosso senza preventiva autorizzazione della medesima.

Altra figura di rilievo era il **Segretario**, che nel caso fosse pure notaio aveva l'incombenza di rogare gli istrumenti Communitativi (affitti, contratti ecc.) e poteva qualche volta avere l'incarico di Cancelliere. I suoi compiti erano simili a quelli degli attuali segretari comunali. Aveva l'obbligo d'intervenire nel Palazzo Magistrale alle due udienze pubbliche alla settimana (la domenica e il giovedì) per affari riguardanti l'Annona. Doveva annotare in volumi separati ora determinazioni e decisioni sull'Annona, ora atti riguardanti le accensioni della candela vergine per la vendita dei dazi, affitti dei Beni stabili e partite e di spese straordinarie; doveva registrare le annuali elezioni degli Officiali; registrare e rispondere alle lettere inviate dai Consoli della posta di Napoli e Roma; registrare mandati di pagamento ordinari e straordinari e farli sottoscrivere dai Consoli; rogare atti del possesso a Governatori, Vice governatori, Vicario Temporale, Bargello e tutti gli Officiali. Quando il Magistrato terminava la carica, il Segretario doveva accompagnare i quattro consoli Capochiavi nella Rocca dal Governatore e rogare l'atto del Possesso dei nuovi Consoli, distendere gli atti del Sindacato di ciascun Officiale e del Governatore. Doveva inoltre consegnare al Sindaco i Capitoli degli emolumenti che gli spettavano, tenere presso di sé i quattro suggelli della Communità e mai dare a nessuno le chiavi degli armadi dove erano riposte le scritture. Doveva infine rogare l'atto per l'elezione del nuovo Tesoriere, consegnargli un volume con la descrizione delle esazioni da farsi in quell'anno partita per partita. Quando il Tesoriere terminava la carica, era compito del Segretario ritirare tutti i mandati, formare l'abbozzo del conto del dare e avere, farlo vedere ai Revisori e distenderlo nel libro dei conti.

Altra figura di rilievo era il **Tesoriere**, che concorreva al buon funzionamento della vita comunitaria, disimpegnava il servizio di cassa, rendeva il conto a fine stagione, riscuoteva i crediti alle scadenze procedendo *manu-regia* verso i debitori morosi e provvedeva al pagamento dei debiti: versava gli stipendi ai *salariati*, pagava gli oneri camerali e gli interessi passivi. Fino alla metà del secolo XVIII per pagare mandati superiori a due scudi era necessaria la sottoscrizione del Governatore edei componenti il Magistrato e l'apposizione del sigillo. Il Tesoriere rimaneva in carica un anno e come tutti coloro che avevano amministrato i beni della Comunità, quali il Governatore, il Sindaco e il Magistrato doveva sottostare alla verifica dei *Sindicatori.*

Questi esplicavano un controllo esterno all'organizzazione amministrativa, però sempre nell'ambito della Comunità, avevano il compito di accertare la retta condotta dei vari amministratori, la loro puntualità nei pagamenti e tutto ciò che per eventuali negligenze nei medesimi avrebbe potuto procurare danno alla Comunità. I Sindicatori dovevano anche accertare se il Magistrato avesse effettuato spese straordinarie non approvate dalla Sacra Congregazione del Buon Governo, oppure superato quelle ordinarie e controllare inoltre che il Magistrato rispettasse, applicasse e recepisse tutte le nuove disposizioni. I risultati delle *sindicazioni,* prima che venisse pronunziata la sentenza, venivano portati a conoscenza delle parti, così che queste potessero contro dedurre e illuminare i Sindicatori su dei punti dubbi. Qualora i Sindicatori non fossero stati sicuri dei principi e delle regole da applicare e nel timore d'incorrere in decisioni errate, potevano sospendere la sentenza e aspettare delucidazioni dal Tribunale superiore. I Sindicatori dovevano appartenere uno al ceto sociale dei nobili, uno a quello dei popolari e fino al 1696 erano eletti dal Consiglio. Ciò costituiva un paradosso, poiché i giudicanti nominavano i propri giudici. Pertanto la Sacra Congregazione del Buon Governo, con circolare del 9 agosto, ordinò alle Comunità di scegliere persone oneste tanto laici quanto ecclesiastici e i nomi prescelti fossero *imbussolati* e poi tirati a sorte. Il numero delle persone da imbussolare era fissato dal Governatore, il quale conservava presso di sé il bussolo.

Le cause della Communità erano difese dal **Procuratore Fiscale** o Avvocato della città, il quale veniva eletto da una terna designata l'8 di settembre dal Consiglio.

La scelta avveniva a Roma e tanto la nomina quanto la sua rimozione, aveva bisogno del placet della Congregazione del Buon Governo.

Un altro Officiales era l'**Agente**, il quale abitava a Roma per poter curare in loco gli interessi della Comunità. Egli veniva eletto dal Consiglio, doveva essere nobile e la sua nomina era ratificata dal placet della Sacra Congregazione del Buon Governo. Non poteva, pena la decadenza, discutere di affari privati e riceveva un compenso. Compito dell'Agente era di «*accudire à negozi et interessi della comunità, ch' hanno nella Curia di Roma, e particolarmente alla spedizione delle tabelle, con invigilare, che le medesime restino puntualmente eseguite, ... puntualmente impiegare il denaro, che gli si rimette dalle Communità per estinzione de' loro debiti...*».

Abbiamo il **Castellano** che provvedeva alla Rocca e al carcere curando di garantire con l'aiuto di *famuli fideles* sicurezza e ordine nel rispetto delle leggi (3° cap).

Abbiamo il **Computista** o **Archivista** ufficio che prima del 1614 era dato in appalto ad *estinzione di candela,* ma dal 4 ottobre fu estinto dalla Congregazione del Buon Governo e la nomina veniva fatta dal Consiglio con l'approvazione del Governatore. Più tardi questa approvazione veniva dal Prefetto degli Archivi nominato con chirografo di Innocenzo XIII del 5 gennaio 1723.

L'interno della Chiesa civica dell'Annunziata

Sectio O: «NORMATIVE»

No	Nuova numerazione	*Titolo*	Caratteri estrinseci	Antica numerazione	Indice
1	2.0.1.1	**CIVILIUM STATUTUM (1588)**	v. leg. pelle cc. 97 v. (h 31x20)		**LIBER PRIMUS** - De modo eligendi consilium et eius potestate. - De eligendis Magistris Hospitalis Annunciatae. - De electione capitaneorum fratrum luratorum. - De eligendo Thesaurarium et Sindicum. - De Thesaurario Civitatis. - De Sindico et eius Officio. - De Procuratore Fiscali. - De eligendo Ambasciatore seu Oratore. - De Civibus creandis et recipìendis. - Forma iuramenti praestandì per Cives Beneventanos creandos ad vassallaggium S.R.E. - Quod nemo possit exercere duo officia. - Quod Officiali non possit cogere quenquam ad alìquid sibi dandum. - De Civium immunitate. - De magnlficis Consulibus et eorum autoritate. - De Protomedico. - De clavibus Civitatis et earum Custodibus. - De Nundinis et eorum Iudice. - De Notarjis Contractum. - De officio Portulaniae. - Die Sabbati ante domos infra certum tempus mundam. - De immunditijs proìjciendis in lavinìs. - Mortacinia in vijs, infra fossos proycienda nullatenus. - De Porcis infra certum tempus ìntus Civitatem non tenendis. - Quod a fenestris immunda non proijciantur.

No	Nuova numerazione	*Titolo*	Caratteri estrinseci	Antica numerazione	**Indice**
					- Ut viae publicae mundae serventur.
					- Vias publicas devastare non licet nec deteriorare.
					- De Barbitonsoribus et sanguine humano non proijciendo in vijs.
					- De officio iudicis Portulaniae et Catapanorum.
					- De Catapanis et eorum Officio.
					- Pondera et bilanciae iuste habentes ìdemque in mensuris.
					- De Doganerijs.
					- Quod solvi debeat pro sigillo Curiae imponendo ponderibus et mensuribus.
					- Cives pariter vendant in domìbus cum ponderibus et mensuris signatis.
					- De Tabemarijs et eorum mensuris.
					- De Buccerijs.
					- De vendentibus carnes salitas, Tundinas, Caseum Recoctam et sal.
					- De Assunsia et sepo vendendis.
					- De Candelis vendendis.
					- De Molendinarijs.
					- De Hortulanis.
					- De Pumarolis.
					- De Panetterijs seu vendendibus panem.
					- De vendentibus Pisces.
					- De vendentibus Lac.
					- De facientibus et vendetibus pincos seu Imbrices et Calcarijs.
					- De augmento poenarum in Officio Catapani.
					- De Bilancijs Civitatis.
					- De damnis datis.
					- In area aliena donec fuerit derelicta invito Domino victualia non adunanda nec trituranda.
					- De poena damnum in vineis et hortis inferemtis.
					- De poena incidentis arboris fructiferas
					- Creditur iuramento Domini, coloni vel Procuratoris accusantis in damnis datis.
					- De poena percutientis, vel interficientis animalia.
					- Via, iter et actus per loca privata non faciens nisi ex causa.

No	Nuova numerazione	*Titolo*	Caratteri estrinseci	Antica numerazione	Indice
					- De damnis datis cum animaìibus et poena exigenda secundum temporum qualitatos de mense in mensem ut infra.
					- Damnum evidenter apparens gravem, et patratoribus ullo modo repertis per Custodes animalium vel conversantibus in contrada emendetur.
					- Pluviali tempore animalia in terris Majestatis non immittenda.
					- Animalia Molendinorum formalia non intrent
					- Animalia per campos ubi sunt gregnae dispersae non immittenda.
					- Canes certo tempore collaria cum uncinis portent.
					- Liceat capere animai inferens damnum usque ad damni valorem.
					- Defensae in locis apertis et ìncultis vetitae et qui modus in eis Habendus.
					- Vineae et horti sine temporum distinctione sub defensa sìnt
					- Prata cum defensa indicato cum temporum distinctione.
					- De vineis et damnis in eisdem illatis et poenae adiectione.
					- De poena ingredientum vìneas, et hortos cum damno et sine damno praeter Domini voluntatem.
					- De poena furti palorum, cannarum, sermentorum et aliorum.
					- In olivetis, aliìsque locìs arboribus et vitibus consitis animaìia non ponenda, vel tenenda
					- Ferragini damniun non inferendum cum animaìibus.
					- Non liceat exteris nisi per tres dies in territorio Beneventano animalia tenere etiam nullum inferendo damnum.
					- De furtis in platea.
					- Venatoribus non licet equis vel pedes cum canibus et avibus venari per vineas et loca seminata in territorio Beneventano.
					LIBER SECUNDUS
					- De deputatione Gubematorìs Praesidis vel Locumtenentis.
					- De ludice civili seu Vicario.
					- Quod Regnicola ad officia Civitatis assumi non possint.

No	Nuova numerazione	*Titolo*	Caratteri estrinseci	Antica numerazione	**Indice**
					- De Bargello.
					- Officiali cum ad officium admittatur.
					- Forma juramenti haec est.
					- De juratis Curiae inservientibus et Precone.
					- De Depositario pignorum.
					- De modo procedendi in Civilìbus et primo de Citationibus.
					- De dilationibus dandis.
					- De Advocato et Procuratore.
					- De matrimonio contrahendo et dotium constitutione.
					- De dotis restitutione.
					- De funeris impensis
					- De dote consessata.
					- De contractìbus Mulierum.
					- De contractìbus pupiliorum vel minorum, stultì, vel prodigi.
					- De contractibus illicitis.
					- De libris mercatorum, et Aromatariorum, quorumcumque.
					- De exequuntione Instrumentorum.
					- De litigiosis.
					- De novo opere construendo.
					- Aedificia in muro communi.
					- De stillicidijs.
					- De Pergulis et Arboribus.
					- De Columbario.
					- De Compromisso.
					- De re duobus vendita.
					- De refurtiva alteri vendita.
					- De equo aut alio animali morboso vendilo.
					- De Represalis.
					- De iure congrui.
					- De locationibus operarum.
					- De vecturalibus vini.
					- De Torcularibus seu parmentis et quis prius vindemiare debeat.
					- De partitionarijs Vinearum.
					- Quando conductor expelli possit.
					- De vicino exoso, meretricibus, et alijs in vìcinia non permettendis.
					- De Ferijs.

No	Nuova numerazione	*Titolo*	Caratteri estrinseci	Antica numerazione	Indice
					- In honorem Dei etiam sunt dies.
					- De modo pignorandi debitorem et forma servanda in exequenda.
					- De cessione bonoram et beneficio quinquennali.
					LIBER TERTIUS
					- De modo procedendi in Criminalibus.
					- De Procuratorem et allegandum causam absentiae et carceratorum visìtatione.
					- De inditijs ad torturam.
					- De modo inferendi torturam.
					- De tortura testibus adhibenda.
					- De poena Reorum.
					- De Blasfemia.
					- De Ludo.
					- De poena euntìum de nocte.
					- De prohibita delatione Armorum.
					- De iniurijs verbalibus.
					- De iniurijs corporalibus et vulneribus, seu percussionibus cum armìs vel sine armis,
					- De offensis factis magnificis DD.Consulibus.
					- De patricidijs.
					- De homicidijs.
					- De adulterijs, lenonibus, et stupro.
					- De furtis.
					- De Usuris.
					- Filijs familias non mutuetur, nec vendantur bona aliqua sub credito.
					- De receptatoribus forum et aliorum delinquentium.
					- De falsis.
					- De incendiarijs.
					- De poena turbantis aliquem in possessione
					- De proprios filios exponentis, ac alienos supponentibus et abortum procurantìbus.
					- De poena aliquem testari prohibentis, et libera testatoris voluntate exquirenda, et testamentorum validitate.
					- Ante domum luctuosam non cantandum neque citationem facìendam.
					- De poena incidentis arboris.
					- De privatis carceribus.

No	Nuova numerazione	*Titolo*	Caratteri estrinseci	Antica numerazione	**Indice**
					- De augmento et diminutione poenarum.
					- De compositionibus.
					- Cives discordes ad pacem cogantur.
					- Quid servandum deficcientibus statutis.
					- De sindicatu Officialium.
					- De officio Commentariensis seu Castellani.
					- De muliere non carceranda
					- Taxa quorumque officialrum civitatis Benevento Advocatorum et Procuratorum:
					- Taxa Domini Rectoris.
					- Taxa mercedum D.Vicarìj.
					- Taxa mercedis Actuariorum Curiae Civilis.
					- Taxa Actuarij criminalis.
					- Taxa Notariorum Civitatis.
					- Taxa mercedum D.D.Advocatorum et Procuratorum.
					- Taxa medicorrum tam Phisicorum quam Chinirgicorum.
					- Taxa Bariceli i, habetur supra.
					- De sportulis CastellaniJ,seu Commentarsis
					- Ne quid ultra Taxam recipiatur.
					- De taxa cancellarij.
2	2.0.2.1	**LIBRO DEGLI INTERESSI DEL COMUNE** (1737)	v. leg. in pelle con indice cc. 238 (h 37x24) visto G. B. Steila 1737, gen. 2 in esecuzione del decreto del R.mo Luigi Gualterio Comm. Apostolico	v. CCXXXXII	Indice delle materie che sono nel presente libro: INTRODUZIONE. CAP. I: DEL SEGRETARIO. CAP. II: RACCORDO PER I SIGNORI PUBBLICI RAPPRESENTANTI. CAP. III: DELLE RENDITE DELLA COMUNITÀ. CAP. IV: DE' PESI, CHE TIENE LA COMMUNITÀ: 1) R. da Camera Apostolica 2) Censi. 3) Provisionati e spese ordinarie. CAP. V: CONCORDATI CO I REGIJ: CAP. VI: PRIVILEGIJ CONCEDUTI ALLA CITTÀ DA SOMMI PONTEFICI. CAP. VII: PRIVILEGIJ CONCEDUTI ALLA CITTÀ DA IMPERATORI, RE, CON ALTRI PRINCIPI SECOLARI.

No	Nuova numerazione	*Titolo*	Caratteri estrinseci	Antica numerazione	Indice
3	2.0.3.1	**CAPITOLI DELLA CITTÀ DI BENEVENTO** **(1623-1715)**	v. leg. perg. con indice cc. 132 (h31x21)	v. L(XXXXI) v. 454	CAPITOLI DELLA CITTÀ DI BENEVENTO: 1) Capitoli colli quali si vende la terziaria del Vino. 2) Capitoli colli quali si vende la Mastrodattia criminale. 3) Agiunta à detti Capitoli. 4) Capitoli della Mastrodattia civile. 5) Capitoli del Catapano. 6) Capitoli del Dannodato. 7) Capitoli del Pane, e foglie. 8) Dichiarazione à detti Capitoli. 9) Aggiunta e dichiarazioni a detti capitoli di Pane e foglie. 10) Capitoli del Portolano. 11) Capitoli della Spica. 12) Capitoli colli quali si vende la Banca dè frutti. 13) Bando del Capoconsole, e Giudice della fiera di S. Bartolomeo. 14) Agiunta delli Capitoli sudetti fatta da Monsignore d'Ascoli. 15) Bandi dell'Appaltatore di S. Bartolomeo. 16) Capitoli del Mercato della S.ma Annunziata e S. Francesco. 17) Bando per l'altre fiere. 18) Capitoli dell'Appalto della Carta. 19) Capitoli dell'Appalto del Sale. 20) Capitoli fatti per l'Appalto della Carne per l'anno 1652. 21) Capìtoli del Pesce forestiero. 22) Capitoli del Mercato di S. Onofrio. 23) Capitoli del Quartuccio. 24) Gabella à.... 25) Archivio civile. 26) Portolania. 27) Bando del Sig. Sindico. 28) Pane venale. 29) Tabacco. 30) Pane casareccio. 31) Pizzicarie. 32) Decreto del Conte delle Pastene.

No	Nuova numerazione	*Titolo*	Caratteri estrinseci	Antica numerazione	**Indice**
					33) Bando del Tabacco.
					34) Gabella de Porci.
					35) Dazio del Sale.
					36) Capitoli del Dazio della Carta.
					37) Decreto di Monsignor Vescovo d'Ascoli sopra il Jus prohibendi dell'Acquavita.
					38) Posta di Napoli.
					39) Aggiunta e dichiar.ne alli Capitoli di Pane e foglie da Mons. Ill.mo e R.mo D. Giovan Battista Spinola Gov.re di Ben.to il 12 Agosto 1715.
4	2.0.3.2	**CAPITOLI DEI DAZI COMUNALI DI BENEVENTO** **(1732-1759)**	v. leg. perg. con indice cc. 185 v. (h 27x20)	v. LXXXXII v. 92	I.M.I NUOVO LIBRO DÉ CAPITOLI, CO QUALI SI VENDONO, O SI AFFITTANO I DAZIJ DELLA COMMUNITÀ DI BENEVENTO ACCOMODATI, RIFATTI E SPIEGATI D'ORDINE DELLA SAGRA CONGREGA-ZIONE DEL BUON GOVERNO COLL' IN-TERVENTO DE SI.G.RI DEPUTATI A TALE EFFETTI ELETTI 1. Portolania. 2. Bando di detta Portolania. 3. Banca de frutti. 4. Posta di Napoli. 5. Terzaria del vino Forastiero. 6. Tabacco 7. Sale 8. Carta 9. Acquavita. 10. Panevenale. 11. Cancellarla Civile. 12. Cancellarla Criminale. 13. Fiera di S. Bartolomeo, S. Francesco, Ill. ma Annunciata, e S. Onofrio. 14. Gabella de porci. 15. Dannodato. 16. Banca del pesce. 17. Catapanato. 18. Pane, e foglie. 19. Bando del Capoconsole della Fiera di S. Bartolomeo. 20. Bando dell'Appaltatore di detta Fiera. 21. Bando de Gover.ri di S.Leucio e Mont'Orso.

No	Nuova numerazione	*Titolo*	Caratteri estrinseci	Antica numerazione	Indice
					22. Bando del Sig.re Protomedico,
					23. Bando del Sig.re Sindaco.
					24. Bando della Carta.
					25. Bando del Tabacco.
					26. Spica annessa atti Capi.li del Dannodato.
					27. Gabella della Carne.
					28. Quartuccio annesso à detta Gabella.
					29. Bando del dazio de Porci.
					30. Bando per l'altre Fiere.
					Mancano le cc. da 8 a 35.
5	2.0.3.3	**CAPITOLI DEI DAZI COMUNALI DI BENEVENTO** **(1732-1771)**	v. leg. perg. con indice cc. 223 v. (h 26 x 20)	v. LXXXXIII	INDICE DE CAPITOLI CON LI QUALI SI VENDONO LI DAZIJ, E GABELLE DI QUESTA CITTÀ:
					1. Portolania.
					2. Bando di detta Portolania.
					3. Banca de Frutti.
					4. Posta di Napoli.
					5. Terzaria del vino Forastiero.
					6. Tabacco.
					7. Sale.
					8. Carta.
					9. Acquavita.
					10. Panevenale.
					11. Cancellarla Civile.
					12. Cancellarla Criminale.
					13. Fiera di S. Bartolomeo, S. Francesco, SS.ma Annunziata, e S. Onofrio.
					14. Gabella de Porci.
					15. Gabella della Carne.
					16. Quartuccio ammesso à detta Gabella.
					17. Bando del Dazio de Porci.
					18. Bando del Sig. Capoconsole della Fiera di S. Bartolomeo.
					19. Bando dell'Appaltatore di detta Fiera.
					20. Bando per l'altre Fiere.
					21. Dannodato.
					22. Spica annessa à detto Dannodato.
					23. Banca del Pesce.
					24. Catapanato.
					25. Pane, e Foglie.

No	Nuova numerazione	*Titolo*	Caratteri estrinseci	Antica numerazione	**Indice**
					26. Bando de Governatori di S. Leucio, Mont'Orso.
					27. Bando del Sig.re Sindaco
					28. Bando della Carta.
					29. Bando del Tabacco.
					30. Bando nuovamente stabilito dopo la divisione della causa de Mercanti per la Fiera di S. Bartolomeo.
					31. Forno, Maccaroni, e Semmola.
					32. Foglie.
					33. Neve.
6	2.0.3.4	**CAPITOLI DEI DAZI COMUNALI DI BENEVENTO (1735-1759)**	v. leg. perg. con indice cc. 175 (h 29x21)	v. LXXXXIV	CAPITOLI, CON LI QUALI SI VENDONO LI DAZIJ; E GABELLE DI QUESTA CITTÀ:
					1. Terzaria del vino forastiero.
					2. Sale.
					3. Acquavita.
					4. Carta.
					5. Pane venale.
					6. Gabella della carne.
					7. Quartuccio annesso a detta gabella.
					8. Fiera della SS.ma Annunziata, e S. Francesco.
					9. Cancellarla Criminale.
					10. Cancellaria Civile.
					11. Portolania.
					12. Bando di detta portolania.
					13. Banca de frutti.
					14. Catapanato.
					15. Fiera di S. Onofrio.
					16. Pesce.
					17. Dannodato.
					18. Spica annessa a detto dannodato.
					19. Posta di Napoli.
					20. Pane, e foglie.
					21. Tabacco.
					22. Gabella de porci.
					23. Fiera di S. Bartolomeo.
					24. Bando del Capo Console di detta Fiera.
					25. Bando dell'Appaltatore di detta Fiera.
					26. Bando per l'altre Fiere.
					27. Bando de Capitani di S. Leucio, e Mont'Orso.

No	Nuova numerazione	*Titolo*	Caratteri estrinseci	Antica numerazione	Indice
					28. Bando del Protomedico.
					29. Bando del Sig. Sindaco.
					30. Bando del Tabacco.
					31. Bando della Carta.
7	2.0.3.5	**CAPITOLI DEI DAZI COMUNALI DI BENEVENTO (1753-1813)**	v. leg. perg. con indice c. 397 cc. 447 (h 29x19)	v. LXXXXV	INDICE Notizie Preliminari. Stabilimenti generali su i Dazii. § PORTOLANIA: Provenienza. Capitolazione. Saggio § BANCA DE' FRUTTI: Provenienza. Capitolazione. Saggio. § TERZARIA DEL VINO FORESTIERO: Provenienza. Capitolazioni. Saggio. § TABACCO: Provenienza. Capitolazioni. Saggio. § SALE: Provenienza. Capitolazioni. Saggio. § CARTA: Provenienza.Capitolazioni. Saggio. § ACQUA VITA: Provenienza. Capitolazioni. Saggio. § CANCELLERIA CIVILE: Provenienza. Capitolazioni. Saggio. § MASTROMERCATI: Provenienza. Capitolazioni. Saggio. § BANCA DE PORCI: Provenienza. Capitolazioni. Saggio. § DANNODATO: Provenienza. Capitolazioni. Saggio. § BANCA DEL PESCE: Provenienza. Capitolazioni. Saggio. § CAPATANATO: Provenienza. Capitolazioni. Saggio. § FOGLIA: Provenienza. Capitolazioni. Saggio. § SCANNAGGIO DELLE VACCINE: Provenienza. Capitolazioni. Saggio. § QUARTUCCIO, E GRANO A ROTOLO: Provenienza.Capitolazioni. Saggio. § FORNO, MACCARONI E SEMOLA: Provenienza. Capitolazioni. Saggio. § GABELLA DELLA NEVE: Provenienza. Capitolazioni. Saggio. § DEPOSITARIA DE PEGNI: Provenienza. Capitolazioni. Saggio. § APPALTO DELLA CORDA: Provenienza. Capitolazioni. Saggio.

No	Nuova numerazione	*Titolo*	Caratteri estrinseci	Antica numerazione	Indice
					§ PIANO DI S. BARTOLOMEO: Provenienza. Capitolazioni. Saggio.
					§ OFFICIO DEL SINDACO: Doveri di detto Officio. Proventi dei Medesimo.
					c. 400:
					Aggiunzione, e dichiarazione alli Capitoli dell'Appalto della Frutta.
					1800, maggio 1
					c. 402:
					§ DAZIO GENERALE SUL CONSUMO, E VENDITA DEL VINO:
					1) Sua Provenienza.
					2) Capitolazioni del Dazio Generale sul consumo e vendita del Vino.
					1810, settembre 21.
					Approvazione del Gov. del Principato Luigi Beer 1810, settembre 26
					c. 417:
					Aggiunta alla Capitolazioni del Dazio generale sul consumo, e vendita del Vino.
					1811, settembre 20
					Approvazione del Gov.del Principato Luigi Beer 1811, settembre 28
					c. 422 a Stampa:
					§ NUOVI CAPITOLI DEL DAZIO COMUNITATIVO DEL TABBACCO
					1812, dicembre 1
					Approvazione L. Beer
					A stampa dalla c. 438 alla c. 442
8	2.0.3.6	**CAPITOLI DEI DAZI DI BENEVENTO** **(1787-1811)**	v. leg. perg. con indice cc. 390 (h 31x21)	v. LXXXXVI	*Copia del volume precedente.*
9	2.0.4.1	**BANDI ED OFFERTE DEI DAZI** **(1706-1728)**	v. leg.cart. cc.105 (c 28,8x21)	v. CV	Tomo di scritture continenti, cioè: § 1) EDITTI ED ORDINI. § II) OFFERTE PER I DAZI COMUNITATIVI. § I) BANDI ED ORDINI: 1. Circa le Fiere (1706). 2. Circa i pesi e misure (1715-1726). 3. Circa i Pizzicaroli (1716-1727). 4. Circa la Polvere (1715-1728). 5. Circa l'Oglio. (1717).

No	Nuova numerazione	*Titolo*	Caratteri estrinseci	Antica numerazione	Indice
					6. Circa il Catapanato (1718). 7. Circa i Dazi della Città, ed Appaltatori di essa (1718-1721). 8. Circa i Macelli e Macellari (1719-1727). 9. Circa le Strade (1721-1727). 10. Circa i Molini (1721-1728). 11. Circa i Panettieri e Maccaronari (1723-1726). 12. Circa i Venditori di Vino (1723). 13. Circa i Pescivendoli (1723-1726). 14. Circa la Banca de frutti (1724). 15. Circa la Posta (1726) 16. Circa il Dazio del Tabacco (1728). 17. Ordini diversi (1718-1728). § II) VARIE OFFERTE PER I DAZI COMUNITATIVI: 1. Acquavite (1717-1720). 2. Cancellaria Civile (1720). 3. Cancellaria Criminale (1720). 4. Catapanato (1717). 5. Gabella della Carne (1726). 6. Dannodato. 7. Posta. 8. Pane Venale (1715-1723). 9. Banca del Pesce (1717). 10. Pane e Foglie. 11. Portolania. 12. Osteria dell'Arcivescovo (1714-1726). 13. Tabbacco (1718-1727). 14. Territorii detti Tienco e Tammarito (1719). 15. Sale (1716-1725). 16. Terzaria del Vino (1718-1727).
10	2.0.4.2	**EDITTI E ORDINI** **(1764-1816)**	v. leg. perg. cc. 205 v. (h 27x21)	v. CCXXV	*Libro in cui si annotano gli ordini che si danno del Signor Magistrato*
11	2.0.4.3	**BANDI ED ASSISE** **(1766-1815)**	v. leg. perg. cc. 261 v. (h 27x21)	v. CCXVIII	

No	Nuova numerazione	*Titolo*	Caratteri estrinseci	Antica numerazione	Indice
	PERDUTO	**ACTA ET ALLEGATIO-ISIES CIRCA CLAVIUM DEPOSITI. QUO SERVA-TUR CORPUS DIVINI BARTHOLOMAEI**	**Visto del Card.Orsini 1710, ag. VIII v. 5**		
	PERDUTO	**SUPPLEX LIBELLUS PRO RESTITUITONE, ET TRASLATIONE CORPO-RIS S. BARTHOLOMAEJ**	**Visto del Card.Orsini 1710, ag. VIII v. 6**		
12	2.1.3.1	**SPECTANTIA AD ARCHIEPISCOPUM BENEVENTI AD BENEFICIA AC BONA ECCLESIASTICA (1584-1676) TOM. I**	v. leg. per. con indice cc. l23 v. (h 29x20) **Visto del Card.Orsini 1710, ag. VIII v. 7**	v. 21 v. 7	§I) CIRCA PERSONAM ARCHDEPISCOPO-RUM (1655). § II) CIRCA VICARIUM GENERALEM AR-CHIEPISCOPI. § III) CIRCA JURISDICTIONEM ARCHIE-PISCOPI IN CASALIS ANGELI AD CUPU-LUM. 1) Pro Archiepiscopo 2) Contra Archiepiscopum § IV CIRCA ARCHIEPISCOPUM (1689). § V CIRCA TABERNAM, ET DOMOS MENSAE ARCHIEPISCOPALIS, CANO-NEMQUAE PRO IJS DEBITUM A COM-MUNTATE HUIUS CIVITATÌS (1653- 1655). § VI) CIRCA MOLENDENUM} MOLEN-DINARIOS ET TABERNARIOS EIUSDEM MENSAE (1676). § VII) CIRCA BENEFICIA ECCLESIASTICA (1602-1645). § VIII CIRCA BONA ECCLESIASTICA. 1) Circa concessiones et locationes eorun-dem (1584-1589) 2) Circa decimas competentes Rectori S. Angeli, etc. Crucis ad Cupulum

No	Nuova numerazione	*Titolo*	Caratteri estrinseci	Antica numerazione	**Indice**
13	2.II.1.1	**BENEVENTANA CONFINIUM TO. I (1564)**	leg. perg. con indice cc. 625 (h 28x21) **visto del Card. Orsini 1710, ag. 8 vol. 8**	v. (CLIX) v. 8	Reassumptum et repertorium omnium contentorum in libro seu processu fabricato per Illustrissimum Dominum Hieroniimum de Monte V. Referendarium Prothonotarium Apostolicum ac Commissarium spectabilem deputatum per Sanctissimum. D. N. Pium IV Summum Pontificem faelicis recordationis super discordjis confinium inter civitatem Beneventanam, et Illustrissimum D.Marchionem Vici aliosque Barones circumstantes, et convicinos, in quo habetur descriptis diligentissimae facta totius Terrij Civitatis, ac productio omnium scripturarum et iurium ad causam Faciendam,sub anno 1564 mense Aprilis.

14	2.II.2.1	**MEMORIA E DOCUMENTI CIRCA I CONFINI TO. I (1489-1654)**	v. leg. perg. con indice cc. 132 (h 28x21) **visto del Card.Orsini 1710, ag. 2 vol. 9**	v. 9 v. 149	§ I) CIRCA I CONFINI IN GENERALE (1601).
					
					§ II) CIRCA I CONFINI E LUOGHI CONTROVERSI FRA BENEVENTO E CASTELPOTO (1489-1564).
					
					Intorno a questo argomento vedasi ancora il tomo degli atti circa jurisdictionem.
					
					§ III) CIRCA I CONFINI E LUOGHI CONTROVERSI FRA BENEVENTO E CEPP ALONI (1607-1608).
					
					§ IV) CIRCA IL LUOGO DETTO LA FADOLA:
					
					   I) Pro Civitate (1601)
					
					     • Contra Civitatem.
					
					     • Pro et Contra Civitatem (1606-1654).
					
					§ V) CIRCA I CONFINI E LUOGHI CONTROVERSI FRA BENEVENTO E PADULI (1609-1612).
					
					Intorno a questo argomento vedasi ancora il tomo degli atti circa jurisdictionem.
					
					§ VI) CERCA I CONFINI E LUOGHI CONTROVERSI FRA BENEVENTO E PAGLIARA
					
					§ VII) CIRCA IL LUOGO DETTO PARITOLI O TORRE DI PALATA.
					
					§ VIII CIRCA IL LUOGO CHIAMATO IL PERRILLO.

No	Nuova numerazione	*Titolo*	Caratteri estrinseci	Antica numerazione	Indice
					§ IX) CIRCA IL LUOGO CHIAMATO PIANO DELLA CAPPELLA ED ALTRI OLTRE DI ESSO.
15	2.II.2.2	**AFFARI DIVERSI CIRCA I CONFINI (1564-1792)**	cc. sciolte in cart. di cart. cc. 22-200 (h33x22)	v. CL	
16	2.II.2.3	**COSE DIVERSE CIRCA I CONFINI L.A. (1658-1733)**	v. leg. perg. cc. 224 (h 29x2I)	v. 160	§ I) GIUSTIFICAZIONI RISPETTO ALL'ESISTENZA DEL TERRITORIO CONTRADA DE PARITOLI, SEU PALATA IN GIURISDIZIONE DI BENEVENTO. § II) GIUSTIFICAZIONI RISPETTO AL PIANO DELLA CAPPELLA.
17	2.II.2.4	**COSE DIVERSE CIRCA I CONFINI L.D. (1669-1734)**	v. leg.perg. con indice cc. 63v. (h 29x21) visto Michele Capasso e Francesco Martelli Dep. 1749, ag. 26	v. 150 v. 9 v. CIX	§ I) CIRCA I CONFINI DI BENEVENTO ED IL MOLINO DELLA FADOLA DELLA TERRA DI S. NICOLA MANFREDI (1669). § II) CIRCA I CONFINI DEL LUOGO DETTO LI PARITOLI. § III) CIRCA I CONFINI DELL'ISCA DELLA CUPA. § IV) CIRCA I CONFINI DELLA TERRA DI PADULI CON BENEVENTO. § V) LETTERE DEL SEGRETARIO DI STATO (1732). § VI) LETTERE DI MONSIGNOR NUNZIO DI NAPOLI E GOVERNATORE DI BENEVENTO. (1732-1734).
18	2.II.2.5	**COSE DIVERSE CIRCA I CONFINI L.B. (1732- 1742)**	v. leg. perg. cc. I 80 v. (h 30x21)	v. 151 v. 9	c. 161: piantina disegnata da Monsignor Riccio.
19	2.II.3.1	**ATTI DI PERTURBATA GIURISDIZIONE CONTRO I MINISTRI DEL REGNO TO. I (1555-1663)**	v. leg. perg. con indice cc. 371 (h 29x2i) **visto del Card. Orsini 1710, ag.8 vol. 10**	v. C (LVIII) v. 10	ACTA CIRCA PERTURBATAM IURISDICTIONEM CONTRA MINISTROS REGIOS.
20	2.II.3.2	**ACTA CIRCA TURBATAM IURISDICTIONEM CONTRA PADULENSES TO. II (1523-1612)**	v. leg.perg. con indice cc. 212 (h 29x20) **visto del Card. Orsini 1710, ag. 2 vol. 11**	v. 154 v. 11	ACTA CIRCA TURBATAM IURISDICTIONEM CONTRA PADULENSES.
21	2.II.3.3	**ACTA CIRCA PERTURBATAM IURISDICTIONEM CONTRA BARONES ET HOMINEM CASTRIPOTI ET CEPPALONI TO. III (1597-1607)**	v. leg. perg. con indice cc. 247 (h 30x20) **visto del Card. Orsini 1710, ag. 8 vol. 12**	v. 157 v. 12	§ I) ACTA CIRCA PERTURBATAM JURISDICTIONEM CONTRA BARONEM ET HOMINES CASTRIPOTI (1597-1607). § II) ACTA CIRCA PERTURBATAM JURISDICTIONEM CONTRA BARONEM ET HOMINES CEPP ALONI (1605-1607)-

No	Nuova numerazione	*Titolo*	Caratteri estrinseci	Antica numerazione	**Indice**
22	2.II.3.4	**ATTI CIRCA PERTURBATA GIURISDIZIONE TO. IV (1565-1611)**	v. leg. perg. con indice cc. 182 (h 29x21) **visto del Card. Orsini 1710, ag. 2 vol. 13**	v. CXXX (XVI)	§ I) ACTA CONTRA HOMINES CASALIJ S. MARIAE A TUORI (1574-1597). § II) ACTA CONTRA HOMINES CASALIJ DICTI MONTE ROCCHETTA (1603-1608). § III) ACTA CONTRA BARONEM, ET HOMINES CASALIJ DICTI PAGLIARA (1565-1610). § IV) ACTA CONTRA HOMINES CASALIJ DICTI S. PIETRO A' DILICATO (1611). § V) ACTA CONTRA HOMINES TORRECUSIJ (1591-1600). § VI) SOMMARIO DI VARII PROCESSI FATTI CONTRO MOLTI PERTURBATORI DELLA GIURISDIZIONE ECCLESIASTICA NEL TERRITORIO BENEVENTANO. NOTA DI ALCUNI PROCESSI CONTRO I PERTURBATORI.
23	2.II.3.5	**S.T.**	v. leg. pelle cc. 3 (h 48x31)	s. n.	3 carte topografiche acquerellate. Rettifica del confini tra i terreni del patrizio beneventano De Simone, con giurisdizione beneventana, e il principe di Pietra Polcina con giurisdizione del regno di Napoli. c. l: Hijconographica de confini controversi tra li Territorij della Terra, e Feudo di Pietra Polcina posseduta dall'Ill. Principe D. Franco Caraffa, con Territorij ivi contigui di D. Giov. de Simone del Patrizio Beneventano in confine delle due Giurisdizioni così Regia come Ecclesiastica nella Contrada detta le Fontanelle, Vado delle Monache, Funcaroni, e Fontana Manzo (1733). c. 2: Pianta della linea tenuta per la terminazione de Confini fra terreni del Sig. D. Giov. De Simoni, e quelli del Predio di Pietralcina luoghi delle controversie fra il medesimo Sig. de Simoni e il Sig. Principe di Pietralcina. Benevento 1733, Maggio 22. Firmato: D. Mattia Ricci. c. 3: Pianta de' territorij del Sig. Principe di Pietralcina, e del Sig. D. Giov. de Simoni, come ancora de luoghi, su le quali cadono le controversie, insorte tra medesimi. Mattia Iadanza Agrimensore.
24	2.II.3.6	**TURBATA GIURISDIZIONE DI TERRENI BENEVENTANI COL REGNO (1787)**	v. leg. cart. cc. 146 (h 29x20)	v. (C) LIII	Prova in genere del delitto della turbata Giurisdizione Pontificia nella Contrada Piana della Cappella appartenente al territorio di Benevento commesso nel 1787 dall'Avvocato Giov. Battista Batti e da altri rubricati in Processo per la prelazione sulli Terreni censiti a Fratelli di Barbatelli di S. Marco a' Monti da Fratelli di Compagnoni di Benevento.

No	Nuova numerazione	*Titolo*	Caratteri estrinseci	Antica numerazione	**Indice**
25	2.II.4.1	**MAIO DURAZZO LITI** **(1776-1806)**	v. leg. perg. cc. 441 (h 29x21)	v. CXXXXI	FASCI: Atti relativi alle arginazioni ed inalveazione di un tronco del Fiume Sabato, da sopra il Ponte di S. Maria degli Angioli a spese della Comune di Benevento. 1776- 1778. c. 2): Pianta acquerellata. Ing. Antonio Sampietro Beneventano. Benevento 1776, giugno 12. c. 22): Carta topografica acquerellata del Corso del Fiume Sabato. Arch. Arcivescovile Saverio Casselli. Benevento 1778, luglio 24. FASC. II: c.s. 1780-1785. c. 80): Carta Topografica. Arch. Nicola Colle de Vita. 1783, giugno 18. Decreto del 1783, sett. 3. Lettera del Gov.re, e giustificazioni del Sindaco in esecuzione del detto Decreto. FASC. III: c.s. 1786-1787. FASC. IV: c.s. 1788. Lettera del 2 agosto dell'allora Gov. Onorati, che trasmette la relazione e la Pianta Colle, redatta ed elevata in esecuzione degli ordini della Sacra Congregazione del B. G. del 7 giugno. FASC. V: c.s. 1789-1790. c. 296): Pianta. FASC. VI: Atti relativi agli Argini del Fiume Sabato ed apertura di nuovo alveo nello stesso, a spese della Comune di Benevento. Dal settembre 1791 al marzo 1806. c. 430): Carta topografica. Tavolario Pubblico Francesco Saverio Cocca. 1806, febbraio 2.

No	Nuova numerazione	Titolo	Caratteri estrinseci	Antica numerazione	Indice
26	2.III.1.1	**ACTA PER COMMISSARIOS R.C.A. TOMUS UNICUS (1591-1624)**	v. leg. cart. con indice cc. 176 (h 29x21) **visto del Card. Orsini 1710, ag. VIII vol. 14**	v. CLXIV	§ I) ACTA QUOAD SPOLIA (1591-1611). § II) ACTA QUOAD DECIMAS (1608). § III) ACTA QUOAD ILLICITAM NEGOTIATIONEM CLERICORUM (1592-1614). § IV) ACTA QUOAD AD INSTANTIAM CREDITORUM (1616-1624). c. 36 pergamena
	PERDUTO IN ANTICO	**PROCESSUS PRO SACRO MONTE PIETATIS CONTRA DILAPIDATORES HAEREDITATIS EPISCOPI ALFERIJ MONTIS MARANI**	**visto del Card. Orsini 1710, ag. IX vol. 15**		Processus pro Sacro Monte Pietatis intus parochialem S. Stephani de Nheophitis contra Franciscum Rohendum, et Johannes Colletta delapidatores haereditatis Alferij episcopi Montis Marani, ad montem predictum relictae. Il titolo e la descrizione interna sono ricavate da: già cit.
27	2.III.2.1	**PROCESSUS CRIMINALES TO. I (1592-1610)**	v. leg. perg. con indice cc. 476 (h 29x21) **visto del Card. Orsini 1710, ag. VIII vol. 16**	v. 16	
28	2.III.2.2	**PROCESSUS CRIMINALES TO. II (1603-1613)**	v. leg. perg. con indice cc. 336 (h 28x21) **visto del Card. Orsini 1710, ag. IX vol. 17**	v. 17 v. 167	c. 90 v: pianta topografica. c. 91: pergamena.
29	2.III.2.3	**PROCESSUS CRIMINALES TO. III (1618-1642)**	v. leg. perg. con indice cc. 164 v. (h 28x21) **visto del Card. Orsini 1710, ag. VIII vol. 18**	v. CLXVIII v. 18	

No	Nuova numerazione	*Titolo*	Caratteri estrinseci	Antica numerazione	**Indice**
30	2.III.3.1	**INFORMATIONES, CRIMINALES CAPTAE IN NUNDINIS AUT PER JUDICES NUNDINARUM S.TI BARTHOLOMAEI ET FRANCISCI TO. I (1585-1707)**	v. leg. perg. con indice cc. 187 (h 29x21) **visto del Card. Orsini 1710, ag. VI vol. 19**	v. CLXIII v. 19	*Appendice: 1724-1726*
31	2.III.4.1	**PROCESSUS CRIMINALES IN CAUSIS DAMNOS DATOS TO. I (1526-1629)**	v. leg. perg. con indice cc. 229 (h 29x21) **visto del Card. Orsini 1710, ag. VIII vol. 20**	v. 20	
32	2.III.5.1	**PROCESSO SPETTANTE A CATAPANATO TO. I (1576-1623)**	v. leg. perg. con indice cc. 250 v. (h 29x21) **visto del Card. Orsini 1710, ag. VIII vol. 21**	v. CVII v. 21	
33	2.III.6.1	**QUERELE NEL TRIBUNALE DELLA PORTOLANIA (1606-1607)**	v. leg. cart. con indice cc. 178 v. (h 29x21) **visto del Card. Orsini 1710, ag. VIII vol. 22**	v. LXXX v. 22	
34	2.III.6.2	**QUERELE NELLA PORTOLANIA TO. II (1631)**	v. leg. perg. con indice cc. 51 (h 29x21) **visto del Card. Orsini 1710, ag. VIII vol. 23**	v. LXXXI v. 23	
35	2.III.6.3	**QUERELE NEL TRIBUNALE DELLA PORTOLANIA TO. III (1631)**	v. leg. cart. con indice cc. 109v. (h 29x21) **Visto del Card. Orsini 1710, ag. VIII vol. 24**	v. CLXIX	
36	2.III.7.1	**PROCESSOS CRIMINALES (1602-1603)**	v. leg. perg. con indice cc. 22 (h 28x22) **visto del Card. Orsini 1710, ag. IX vol. 25**	v. CLXVI	*Processo per la rimissione di Luca Antonio Landi alias Moretto della Riccia di Michel'Angelo Rita dell'Atripalda, e di Antonio Caudino di Airola al Regio.*

No	Nuova numerazione	*Titolo*	Caratteri estrinseci	Antica numerazione	**Indice**
37	2.III.8.1	**LIBRO RELATIVO ALLE CONTRAVVEN-ZIONI IN ANNONA TO. I (1712-1721)**	v. leg. cart. con indice cc. 225 (h 29x21)	v. CCXIX e 25 Lett. A	Tomus continentes varios Processus contraventionis in annona per ordinem cronologicum ab anno 1712 ad 1721.
38	2.III.8.2	**LIBRO RELATIVO ALLE CONTRAVVEN-ZIONI IN ANNONA TO. II (1717-1728)**	v. leg. cart con indice cc 75 (h 29x21)	v. CCXX v. 25 Lett. B	§ I) PROCESSI CONTRO DE' SUDDITI PER CONTRAVENZIONI NELL'ANNONA (1722-1727). § II) MEMORIALI DATI AI CONSOLI PER GRAZIE (1717-1728).
39	2.III.8.3	**LIBRO DELLE CON-TRAVVENZIONI IN ANNONA TO. II (1728-1733)**	v. leg. perg. cc. 164 (h 29x22)	v. CCXXIII v. 223 v. 25 Lett. A	
40	2.III.8.4	**LIBRO DELLE CONTRAVVENZIONI IN ANNONA TO. III (1732-1734)**	v. leg. perg. cc. 158 v. (h 29x21)	v. CCXXIV v. 25 Lett. A	
41	2.III.8.5	**LIBRO RELATIVO ALLE CONTRAVVEN-ZIONI IN ANNONA TO. IV (1735-1738)**	v. leg. perg. cc. 108 (h 30x22)	v. CCXXII v. 25 Lett. A	
42	2.III.8.6	**LIBRO RELATIVO ALLE CONTRAVVEN-ZIONI IN ANNONA TO. V (1736-1744)**	v. leg. perg. con indice cc. 313 (h 29x21) visto Michele Capasso e Francesco Maurelli Dep. 1749, feb. 7	v. CCXXI v. 25 Lett. A	Processi contro de sudditi dell'annona per delitti commessi di cose appartenenti alla medesima.
43	2.III.9.1	**PROCESSI VARI (1631-1735)**	v. leg.perg con indice cc. 146 v. (h 29x21) visto Michele Capasso e Francesco Maurelli Dep. 1749, giug. 2	v. LXXXIII	§ I) ATTI CIVILI (1732-1735). § II) AGGREGAZIONI ALLA CITTADI-NANZA (1733). § III) RESCRITTI TOCCANTI DIVERSE CAUSE (1732-1734). § IV) OFFERTE DEI DAZII COMMUNITATI-VI (1732-1734). § V) SORROGAZIONI A' DIVERSI OFFICIJ COMMUNITATIVI E FATTO DI RAGGIONI (1631-1735).
44	2.III.9.2	**PROCESSI VARI TO. III (1706-1734)**	v. leg. perg con indice cc. 115 v. (h 29x21) visto Michele Capasso e Francesco Maurelli Dep. 1749, marz. 10	v. CLXX v. 25 Lett. B	§ I) ATTI CIVILI: 1) ad istanza del Danno Dato (1706) 2) ad istanza del Catapanato (1728-1733). 3) ad istanza dell'Appaltatore del Pane e Foglie (1728-1729). 4) ad istanza di diverse persone su diverse materie (1729-1730).

No	Nuova numerazione	*Titolo*	Caratteri estrinseci	Antica numerazione	**Indice**
					5) ad istanza de Deputati delle strade e Sindaco (1732).
					§ II) ORDINI CONCERNENTI DIVERSE MATERIE:
					1) Circa i Salumari (1733).
					2) Circa l' Appaltatore del Pane e Foglie (1728).
					3) Rescritti toccanti diverse materie
					4) (1729-1733).
					§ III) RESCRITTI TOCCANTI DIVERSE CAUSE (1729-1733).
					§ IV) OFFERTE DEI DAZII COMMUNITATIVI, ED ISTRUMENTI DELLA CONSEGNA DELLO STENDARDO (1730-1734).
45	2.III.9.3	**PROCESSI VARI TO. IV** (1711-1732)	v. leg. perg. con indice cc. 94 (h 29x21) visto Michele Capasso e Francesco Maurelli Dep. 1749, ag. 26	v. LXXXII v. 25 Lett. B	§ I) PROCESSI TOCCANTI VARIE COSE (1731-1732). § II) OFFERTE VARIE PER I DAZIJ COMMUNITATIVI: 1) Dannodato (1731). 2) Fiera di S. Bartolomeo (1731) 3) Gabella della Carne (1731). § III) RESCRITTI TOCCANTI VARIE COSE E PROTESTE (1732). § IV) CIRCA VARIE SURROGAZIONI (1732). § V) CIRCA VARIE PATENTI (1731-1732). § VI) EDITTO (1711).
46	2.III.10.1	**ATTI CIVILI ED AGGREGAZIONE ALLA CITTADINANZA TO. I** (1713-1728)	v. leg. cart. con indice cc. 242 (h 29x21)	v. CLXI v. 25 Lett. C	§ I) ATTI CIVILI (1713-1728). § II) MEMORIALI PER L'AGGREGAZIONE ALLA CITTADINANZA (1715-1721). Da c. 1 a c. 5 in pergamena.
47	2.III.10.2	**ATTI CIVILI - AGGREGAZIONE ALLA CITTADINANZA TO. II** (1734-1737)	v. leg. perg con indice cc. 227 (h 29x21) visto Michele Capasso e Francesco Maurelli Dep. 1749, set. 2	v. IV v. 25 Lett. C	§ I) ATTI CIVILI (1734-1737). § II) AGGREGAZIONI ALLA CITTADINANZA (1735). § III) SORROGAZIONI ALL'OFFICIO DI CONSULE (1735). § IV) ORDINI E BANDI (1735). § V) RESCRITTI E DECRETI (1734-1737). § VI) OFFERTE DEI DAZIJ COMMUNITATIVI (1735).

No	Nuova numerazione	*Titolo*	Caratteri estrinseci	Antica numerazione	**Indice**
48	2.III.10.3	**ATTI CIVILI MEMORIALI, LETTE-RE, EDITTI TO. III** **(1737-1743)**	v. leg. perg con indice cc. 324 v. (h 29x21) visto Michele Capasso e Francesco Maurelli Dep. 1749, apr. 30	v. 25 L C	§ I) ATTI CIVILI (1737-1743). § II) MEMORIALI PER L'AGGREGAZIONE ALLA CITTADINANZA (1739-1742). § III) MEMORIALI PER MOLTI ALTRI AFFARI (1738-1743). § IV) LETTERE DELL'ESTRAZIONE, ED EDITTI DEL NUOVO MONTE COMMUNITATIVO, ED ALTRI EDITTI APPARTENENTI ALLE COSE DELL'ANNONA (1738-1743). *Molte carte a stampa* C. 311: Editto-Dichiarazione sopra l'uso della carta bollata (*a stampa*).
49	2.III.11	**SCRITTURE LEGALI TO. I** **(1718-1720)**	v. leg. cart. con indice cc. 108 (h 29x22)	V XXXXVII v. 25 Lett. D	Tomo di scritture legali per varie cause della Comunità. *Molte carte a stampa*
50	2.III.12	**TOMO CIRCA LA GIURISDIZIONE DEL MAGISTRATO E CIR-CA GLI OREFICI E SPEZIALI MANUALI** **(1717-1720)**	v. leg. cart. con indice cc. 115 v. (h 29x21)	v. XX	§ I) CIRCA LA GIURISDIZIONE DEL MAGISTRATO (1717-1720). § II) CIRCA GLI OREFICI E GLI SPEZIALI (1718-1720).

No	Nuova numerazione	*Titolo*	Caratteri estrinseci	Antica numerazione	Indice
51	2.IV.1.1	**INSTRUMENTI COMMUNITATIVI** Tomo II **(1314-1662)**	v. leg. cart. con indice cc. 90 v. (h. 28x22) **visto Card. Orsini 1710, ianuari XXI v. 27**	v. VIII	§ I – INSTRUMENTI SPECTANTIA IMMEDIATEM AD COMMUNITATEM: 1. Cessiones et donationem favore Communitatis (1524-1647). 2. Locationes Datiorum (1662). 3. Obbligationes favore Communitatis et locationes Datiorum (1659-1660). 4. Empiones stabilium per communitatem (1615). 5. Ratificationes Venditionisis anniorum introituum per Communitatem (1588-1636). 6. Cessiones iuris luendi seu reemendi annuos introitus per Communitatem (1578). 7. Mandata procurationis ad retrovenditionem annuorum introituum favore Communitatis (1615). 8. Receptiones pecuniarum debitarum a Communitate (1645). 9. Solutiones penarum favore Communitatis et Officialium (1536). § II – INSTRUMENTA SPECTANTIA IMMEDIATEM AD EXTRANEOS MEVERO AD COMMUNITATEM OB MENTIONEM CONFINIUM ET TERRITORJ NOSTRI: 1. Testamenta (1312). 2. Divisiones Territorium (1506). 3. Venditiones (1587). 4. Possessiones captae (1604).
52	2.IV.1.2	**INSTRUMENTI COMMUNITATIVI** Tomo II **(1314-1662)**	v. leg. cart. con indice cc. 72 (h. 37x26) **visto Card. Orsini 1710, agosto IX v. 26**	v. CIX	VENDITIONES ANNUORUM INTROITUUM FACTAE PER COMMUNITATEM BENEVENTANAM FAVORE NONNULLORUM, ET CESSIONES EORUNDEM (1566-1603) (da restaurare dalla c. 44 e 72)

No	Nuova numerazione	Titolo	Caratteri estrinseci	Antica numerazione	Indice
53	2.IV.1.3	**INSTRUMENTI** **(1633-1687)**	v. leg. perg. con indice cc. 321 (h. 21x23)	v. CX	§ I – SUBHASTATIONES AD EXTINCTAM CANDELAE (1633). § II – INSTRUMENTA LOCATIONUM CIRCA DATIA: 1. Appaltus tabacci (1662-1687). 2. Circa datium cancellariae civilis (1661-1687). 3. Circa datium Nundinarum S.ma Annuntiatae (1661-1687). 4. Circa datium banchae fructuum (1661-1687). 5. Circa datium Portulaniae (1661-1687). 6. Circa datium gabellae carnium (1661-1687). 7. Circa datium Banchae piscium (1661-1687). 8. Circa datium deèpositariae pignorum (1661-1687). 9. Circa datium Catapanatus (1661-1687). 10. Circa datium emolumentorum Nundinarum Sancti Honuphry (1661-1687). 11. Circa datium panis venalis (1661-1687). 12. Circa datium panis et olearum (1661-1687). 13. Circa datium nundinas Sancti Bartholomaei (1661-1687). 14. Circa datium appaltum suum (1661-1687). 15. Circa datium damnorum datorum (1661-1687). 16. Circa datium tabellionatus Neapolis (1661-1685). 17. Circa datium Cancellariae Criminalis (1661-1686). 18. Circa datium nundinas Sancti Francisci (1661-1687). 19. Circa datium tertiariae vini (1661-1686). 20. Circa datium panis casarecci (1661). 21. Circa datium salis (1662-1687). 22. Circa datium archivji Notariorum (1662-1688). 23. Circa datium carthae (1667-1687). § III – AFFICTUS TERRARUM (1662-1687). § IV – APPALTUS VINI (1662-1685). § V – OBLIGATIONES DIVERSAE (1662-1687). § VI – CONSIGNATIONES VEXILLI (1666-1668). § VII – ACTUS PUBLICIS (1666).

No	Nuova numerazione	*Titolo*	Caratteri estrinseci	Antica numerazione	**Indice**
54	2.IV.1.4	**INSTRUMENTI** **(1676-1681)**	v. leg. in cartella di cart. con indice a rubrica cc. 381 (h. 21x23)	v. CXI v. 477	
55	2.IV.1.5	**LIBER INSTRUMENTORUM** **(1713-1734)**	v. leg. perg. cc. 240 v. (h. 42x27)	v. CXII v. 478	
56	2.IV.1.6	**INSTRUMENTI** **(1734-1744)**	v. leg. perg cc. 306 (h. 26x20)	v. CXIII v. 479	
57	2.IV.1.7	**INSTRUMENTI** **(1744-1761)**	v. leg. perg. cc. 554 v. (h. 28x20)	v. CXIV v. 480	
58	2.IV.1.8	**INSTRUMENTI** **(1761-1773)**	v. leg. perg. cc. 564 (h. 29x21)	v. CXV v. 481	
59	2.IV.1.9	**INSTRUMENTI** **(1774-1785)**	v. leg. perg. cc. 650 (h. 32x22)	v. CXVI v. 482	
60	2.IV.1.10	**LIBRO DI INSTRUMENTI COMMUNITATIVI** **(27 GENNAIO 1786 14 AGOSTO 1798)**	v. leg.perg. cc. 716 v. (h. 35x23)	v. CXVII v. 483	

No	Nuova numerazione	Titolo	Caratteri estrinseci	Antica numerazione	Indice
61	2.V.1.1	**PRIVILEGI E GRAZIE DE PONTEFICI (1453-1703)**	v. leg. cart. con indice cc. 88 (h 31x21) **visto del Card. Orsini 1710, gen. XXIV Vol. 28**	S. N.	§ I) PRIVILEGIJ, E GRAZIE CONCEDUTE DA SOMMI PONTEFICI (1548-1701). § II) GRAZIE, RICHIESTE DALLA CITTÀ A SOMMI PONTEFICI, ED ISTRUZIONI AGLI AMBASCIATORI PER IL CONSEGUIMENTO DELLE MEDESIME (1534-1656). § III) GRAZIE CONCEDUTE DA MINISTRI DELLA SEDE APOSTOLICA (1582-1584). § IV) PRIVILEGI E GRAZIE CONCEDUTE DA PRINCIPI (1453-1533). § V) GRAZIE CONCEDUTE DA MINISTRI REGIJ (1532). § VI) TRANSUNTI DI PRIVILEGI E GRAZIE.
	PERDUTO IN ANTICO	*COPIE D'INVESTITURE FATTE DA PONTEFICI DEL REGNO DI NAPOLI, COLLA RIVERSA DELLA CITTÀ DI BENEVENTO, E COLLA CONDIZIONE DI DOVERSI ALLA MEDESIMA MANTENE-RE I PRIVILEGI TO. I (1265-1599)*	**Visto del Card. Orsini 1710, ag. VIII vol. 29**		*1265, nov 4: Investitura Regni Neapolis concessa per Clementem IV Carolo I ex Francorum Regibus.* *1266, sub diebus 21 Junij et 3 Julij: Literas Rodolphi Cardinalis Apostolicae Sedis Legati, ac eiusdem Clementis, continentes quedam privilegia Civitati et Civibus Beneventanis concessa per eorundem Carolum Regem.* *1351, maij 26: Distictio confinium Comitatibus Civitatis Beneventi facta per Clementem Papam VI.* *1351, nov. 27: Literae executoriales eiusdem Clementis VI ad Archiepiscopum Benevenanum, quibus precipit, et mandat, ut distictionem predictum quibuslibet, et ab omnibus servari faciat.* *1363: Literae Urbani V ad Reginam Joannam quibus Regina monet hac hortatur ut distinctionem per Clementem VI factam executioni debitae demandare faciat.* *1443, julij 15: Summarium Investiturarum Regni Neapolis per Romanos Pontifices Aragonentibus, et successivi Austriacis illorum successoribus concessarum.* *1443, iulij 15: Investitura Regni Neapolis concessa per Eugenium IV Alphonso I ex regibus Aragonum.*

No	Nuova numerazione	Titolo	Caratteri estrinseci	Antica numerazione	Indice
					1443, septembris 14: Vicariatus Civitatum Beneventanae et Terracinae concessus eidem Alphonso Regi per Eugenium IV.
					1444, iulij 15: Legimatio pro Ferdinando de Aragona filio naturali dicti Alphonsi Regis, ut valeat in regno praedicto succedere concessa per eundem Eugenium.
					1458, novembris 10: Investitura eiusdem Regni concessa per Pium Secundum Ferdinando de Aragona.
					1459, januarij 15: Juramentum fidelitatis et Homagij per eundem Ferdinandum praestitum in manibus Latini Cardinalis legati, quo retificat omnia capitula in Investitura Pii II.
					1492, Januarij 4: Instumentum mandati procuratorij in personam Ferdinando Principis Capuani praestans fidelitatis iuramentum nomine Alphonsi Calabriae Ducis eius gentis.
					1497, Junij 7: Investitura praedicti Regni pro Alexandrum Papam VI concessa Federico de Aragona.
					1501, Julij 25: Divisio eiusdem Regni facta in duas partes per eorundem Alexandrum, quarum unam Ludovico Francorum Regi cum titulo Regis Neapolis, alteram vero Ferdinando Catholico nuncupato, et Elisabeth eius uxori Aragonum Regibus Catholicis cum titulo Ducis, et Ducissae Calabriae concessit.
					1545, Julij 3: Investitura Julij II, qua Regem Francorum portione, et titulo Regis Neapolis privat regnum unit et de toto Regno praedicto de novo Ferdinandum, ac Elisabeth eius coniuges investit.
					1510, aug 7: Remissio census 8 unciarum facta per Julium II pro Ferdinando rege Catholico.
					1521: Investitura concessa per Leonem X, Joannae dicti regis Catholici filiae et universalia Haeredi, ac Carolo de Austria ipsius Joannae primogenito, quicum dispensavit, ub ipse Carolus valeat eligi in Imperatorum Romanorum et Regnum praedictum Neapolis una cum Imperio retinere possit.
					1529, Junij 29: Capitulatio init…a inter Clem. VII et Carolus V Barchinone, qua inter alia conventum eztitit ut executio Literarum, seu bullarum Apostolicae per Ministros Regios in Regno Neapolis nec Quaquam impediretur.
					1594, oct.23: Investitura Regni praedicti concessa per Iulium III Philippo II de Austria.
					1555, octobris 20: Dispensatio concessa eundem Iuliano III eidem Philippo II, ut Ducatum Mediooelani una cum Regno praedicto retinere valeat.

No	Nuova numerazione	*Titolo*	Caratteri estrinseci	Antica numerazione	**Indice**
					1599, septembris 9: Investitura Regni praedicti eodem Philippo III concessa per Clementem VIII.
					1599, septembris 6: Dispensatio concessa per Clementem VIII Philippo III de Austria, ut Ducatum Medioelani una cum Regno praedicto retinere valeat.
					Il titolo e la descrizione interna sono ricavate da: già citato.
	PERDUTO IN ANTICO	***BREVI, COSTITUTIONI E CHIROGRAFI DELLA SANTITÀ DI N. S. BENEDETTO XIII TO. I (1724-1732)***	cc. 9	v. XXIX A	*1724, sett. 6: Breve D. D. N. Benedictus PP. XIII approbationis et confirmationis…*
					Similiter brevium, quibus S. M. Innoc.VIII. Paulus VI, et Pius IV omnes appelationum causas, tam civiles, quam criminales, in quibus delinquentes puniendi poena corporis afflicti-va non venirent, cognosci, et….debere coram Archiepiscopo Beneventanae eiusque generali … demandatur.
					1724, sett. 12: Elezione del Moltiplico Orsini, fatta dalla Santità di N.S. Benedetto XIII col donativo di scudi quattromila moneta per l'estin-zione del debito della città di Benevento col nuovo Monte Communità.
					1724, nov. 10: Chirografo con cui la S. di N.S. sudetto dona al moltiplico Orsini sudetto altri scudi seimila moneta per l'estinzione del debito del detto nuovo monte Communità.
					1724, dic. 7: Constitutio D.D.N. Benedicti XIII pro Civitate Beneventana, ad quam, varijs terre-motibus labefactata extentibus Constitutio XXII Gregorij Papae XIII incipiens, quae publicae utilia, ad ornantibus Urbis Romae aug…edita.
					1727, ap. 29: Chirografo della Santità di N.S.Papa Benedetto XIII con cui la Santità sua dona alla Città di Benevento scudi seimila due-cento dodici e baiocchi 99 ch'ella deve alla Rev. Camera Apostolica colla condizione che il Tesorie-re della medesima debba pagarne ogni anno scudi cinquecento per investirsi a favore del Moltiplico Orsini, che dovrà farsi sino a scudi sessantatre-mila settecento ottanta nove, per estinguere il debito fruttifero che ha la suddetta Città in simil somma con Monte Communità senza erezione estinto con denari della Rev. da Camera Apostoli-ca e col monte nuovo Comunità.
					1727, ag. 30: Moto proprio della Santità di N.S. Papa Benedetto XIII con cui la Santità S. dona ducati 6795 moneta di regno o altra somma, della quale alcuni Cittadini della Città di Benevento rimangono debitori alla R.C.A. per l'imprestanza loro fatta di ducati diecimila della S. M. d'In-nocenzo XI per riedificare, o risarcire le proprie case rovinate dal terremoto, che avvenne à di 5 Giugno 1688, ed ordina che debbansi eriggere e formarsene un Monte, o cassa d'imprestanza,

No	Nuova numerazione	Titolo	Caratteri estrinseci	Antica numerazione	Indice
64					*d'amminisrarsi da tre Cittadini, da quali si debba amministrare il denaro à mercanti ed altri che vorranno intraprendere le arti della lana e della seta da introdursi nella medesima Città di Benevento.* *1728, dic. 2: Breve D. D. N. Papae Benedicti XIII quo in plenissimam jurisdictionem in rebus ad annonam pertinentibus Beneventanae Civitatis Magistratus et … restituentur, ac si opus sit ijs … illa de integro tribuitur.* *1732: Breve D. D. N. Papae Clementis XII, quo statutum Civitatis Beneventanae, quo ad emphitheutim bonorum ad quaecumque … loca pia Civitatis … eius … Territorij, pertinens confirmatur, eiusque observantia demandatur.*

No	Nuova numerazione	*Titolo*	Caratteri estrinseci	Antica numerazione	**Indice**
62	2.VI.1.1	**ELECTIONUM OFFICIALIUM** **(1591-1674)**	v. leg. cart. con indice cc. 54 (h 29x21) **visto del Card. Orsini 1710, ag. X v. 30**	v. CLXXXVI bis	§ I) ELECTIONES OFFICIALIUM: 1) Electiones Agentium Civitatis in Urbe (1632-1653). 2) Electiones Vicariorum Temporalium (1612-1628). 3) Electiones Procuratorum Fiscalium (1606). 4) Electiones Syndicorum (1646-1674). 5) Electiones Iudicum Pedaneorum (1607-1671). 6) Electiones Iudicum Dannorum datorum (1618-1619). 7) Electiones Iudicum Portulaniae (1619). 8) Electiones Iudicum Nundinarum (1620). 9) Electiones Secretariorum Confinium (1618). 10) Electiones Deputatorum Cancellariae Criminalis (1671). 11) Electiones Syndicatorum (1622). 12) Electiones Deputatorum ad videnda computa (1606). 13) Electiones Protoaromatariorum (1667). 14) Electiones Custodum pro clavibus Portarum Civitatis (1615-1620). 15) Electiones plurium officialium coniuctim (1591-1671). § II) LITERAE PATENTES NONNULLORUM OFFICIALIUM: 1) Literae patentes Vice Gubernatorum (1661). 2) Literae patentes Vicariorum Temporalium (1613). 3) Literae patentes Baroncellorum Civitatis (1637-1648). 4) Literae patentes pro Baroncellis Nundinarum (1597-1673). 5) Literae patentes pro Capitaneis Casalium (1673).

No	Nuova numerazione	Titolo	Caratteri estrinseci	Antica numerazione	Indice
63	2.VI.1.2	**ELEZIONI DI UFFICIALI E VENDITE DI DAZI** **(1585-1654)**	v. leg. cart. con indice cc. 67 (h 28x21)	v. CLXXXV	TOMUS CONTINENS VARIA CONSILIA, VENDITIONES DATIORUM, ELECTIONES OFFICIALIUM, ET RENUNCIATIONES DEPUTATIONUM AB ANNO 1585 AD ANNUM 1654.
64	2.VI.1.3	**ELECTONES OFFICIALIUM** **(1586-1663)**	v. leg. cart. con indice cc. 65 (h 28x21)	v. CLXXXVIII	§ I) ELECTIONES OFFICIALIUM FACTAE PER CONSULES: 1) Ad officium Grasseriorum Civitatis (1594). 2) Ad officium Advocati Civitatis (1587-1594). 3) Ad officium Procuratoris Civitatis 4) Pauperum et ad officium Sollicitatorum (1586-1588). 5) Ad officium Computistae Civitatis(1633). 6) Ad Syndicatum Officialium (1614-1636). 7) Ad judicatus Nundinarum (1586-1629). 8) Ad judicatum Edilium (1602). 9) Ad officium Iudicis Pedanei, et damnorum datorum (1586-1650). 10) Ad judicatum Catapanatus (1586-1593). 11) Ad officium Iudicis Spichae (1588). 12) Ad officium Iudicis et Actuariy emolumentorum Panis et Olearum (1589) 13) Ad judicatum et Actuariatum terziariae vini (1636-1644). 14) Ad decidens differentias circa Apothecas Nundinis S. Bartholomei (1594). 15) Ad officium Actuariatus S.Leuciy (1589-1653). 16) Ad officium Actuariy Montis Ursi (1589-1653). 17) Ad officium Actuariy damnorum datorum (1586-1620). 18) Ad officium Revisionis damnorum datorum (1586-1597). 19) Ad officium Provisoris damnorum datorum (1591). 20) Ad officium Actuariatus Spiche (1586-1589). 21) Ad officium Actuariy Catapanorum (1586-1642). 22) Ad officium Actuariatum Portulaniae (1632). 23) Ad officium extirpationem. Brucolorum agra damnificantium (1663).

No	Nuova numerazione	*Titolo*	Caratteri estrinseci	Antica numerazione	Indice
65	2.VI.1.4	**ELEZIONE DEGLI UFFICIALI E VENDITE DI DAZI (1651-1706)**	v. leg. perg. con indice cc. 147 v. (h 30x22)	v. CLXXXXVI	Tomo di scritture spettanti all'ill.ma città di Benevento distribuite ne seguenti paragrafi: § I) SINDACATI DI UFFICIALI (1651). § II) ELEZIONE DI UFFICIALI § III) SUBASTAZIONE DE DAZI COMMUNITATIVI. Dall'anno 1651 rispetto alli suddetti sindacati, e dall'anno 1695 per tutto l'anno 1706, rispetto alli suddetti altri due paragrafi: § I) SINDACATI DI UFFICIALI (1651) § II) ELEZIONE DI UFFICIALI: 1) Alla carica di Conservatori di Statuti (1696). 2) Alla carica di Deputati dell'Archivio (1696). 3) Alla carica di Deputati de Confini (1696). 4) Alla carica di Archivista Civile (1696). 5) Alla carica di Revisore de Conti (1696). 6) Per la reattazione de tetti del Palazzo Magistrale (1697). 7) Alla carica Consolare (1699). 8) Alla carica di Giudice Pedaneo (1695-1706). 9) Attuario di S. Leucio (1695-1706). 10) Attuario di Montorso (1695-1706). § III) SUBASTAZIONE PER L'AFFITTO DE DAZI COMMUNITATIVI: 1) Pane venale (1696-1705). 2) Gabella della carne (1697-1706). 3) Banca de frutti (1696-1705). 4) Portolania (1696-1705). 5) Corriere di Napoli (1701-1704). 6) Cancellaria civile (1696-1705) 7) Cancellaria Criminale (1699-1705). 8) Catapanato (1696-1705). 9) Pane e Foglie (1695-1705). 10) Archivio dé Notari (1696-1702). 11) Dannodato (1695-1705). 12) Banca del pesce (1696-1705). 13) Depositaria (1696-1705). 14) Appalto della Carta (1696-1705). 15) Tabbacco (1696-1703).

No	Nuova numerazione	*Titolo*	Caratteri estrinseci	Antica numerazione	Indice
					16) Terziaria del vino (1695-1705).
					17) Appalto del sale (1695-1705).
					18) Acquavite (1696-1705).
					19) Fiera della SS.ma Annunziata (1796-1706).
					20) Fiera di S.Onofrio (1696-1704).
					21) Fiera di S. Bartolomeo (1695-1705).
					22) Appalto dé Porci (1695-1705).
					23) Fiera di S. Francesco (1695-1705).
					24) Affitto di Territorij (1696-1706).
					25) Voce del vino (1695-1705).
66	2.VI.1.5	**ELEZIONE DEGLI UFFICIALI E VENDITA DE DAZI (1679-1695)**	v. leg. perg. con indice cc. 192 (h 30x22)	v. CLXXXXVII	Tomo di scritture spettanti all'illustrissima città di Benevento distribuito nei seguenti paragrafi: § I) ELEZIONI DI UFFIZIALI FATTE DAL MAGISTRATO. § II) SUBASTAZIONE DE DAZI COMMUNITATIVI. § III) BANDI EMANATI DAL MAGISTRATO. § I) ELEZIONI DI UFFICIALI: 1) Alla carica di Vicario Temporale (1679-1688). 2) Al Governo della Chiesa, e Spedale della SS.ma Annunziata (1682-1684). 3) Alla carica di Procuratore Fiscale (1684-1693). 4) Alla carica di Sindico (1680). 5) Alla carica di Cancelliere (1684). 6) Alla carica di Revisore dei Conti (1691). 7) Alla carica di Giudice Pedaneo (1679-1691). 8) Alla carica di Attuario di S.Leucio (1679-1694). 9) Alla carica di Attuario di Montorso (1679-1694). § II) SUBASTAZIONE PER L'AFFITTO DE' DAZI COMMUNITATIVI: 1) Pane venale (1681-1695) 2) Gabella della carne (1679-1695) 3) Banca dé frutti (1679-1695) 4) Portolania (1679-1694). 5) Corriero di Napoli (1679-1695). 6) Cancellaria Civile (1680-1693). 7) Cancellaria Criminale (1680-1695). 8) Catapanato (1679-1695).

No	Nuova numerazione	*Titolo*	Caratteri estrinseci	Antica numerazione	Indice
					9) Pane e Foglie (1679-1695).
					10) Archivio dé Notari (1679-1695).
					11) Dannodato (1679-1693).
					12) Depositaria (1679-1695).
					13) Banca del Pesce (1679-1695).
					14) Carta (1681-1693).
					15) Tabbacco (1681-1693).
					16) Terziaria del vino (1679-1694).
					17) Sale (1681-1694).
					18) Acquavita (1693).
					19) Mastro Mercato della SS. Annunciata (1679-1695).
					20) Mastro Mercato diS.Onofrio (1679-1695).
					21) Mastro Mercato di S.Bartolomeo (1680-1694).
					22) Appalto dé Porci (1679-1694).
					23) Mastro Mercato di S.Francesco (1679-1694).
					24) Affitto di Territoij (1679-1694).
					25) Voce di vino (1685-1694).
					§ III) BANDI (1687).
67	2.VI.1.6	**ELEZIONE DI UFFICIALI E VENDITA DEI DAZI (1706-1718)**	v. leg. perg. con indice cc. 193 v. (h26x21)	v. CLXXXXI	§ I) ELEZIONE DI UFFICIALI:
					1) Alla carica di Protomedico (1707).
					2) Alla carica di Deputati per la ristampa dello Statuto (1717).
					3) Alla carica di Revisore dé Conti (1718).
					4) Alla carica di Cancelliere della Città (1718).
					5) Alla carica di Giudice Pedaneo (1708-1718).
					6) Alla carica di Attuario di S.Leucio (1707-1718).
					7) Alla carica di Attuario di Montorso (1707-1718).
					§ II) SUBASTAZIONE DE' DAZI COMMUNITATIVI:
					1) Pane venale (1707-1717).
					2) Gabella della carne (1707-1718).
					3) Banca dei frutti (1706-1718).
					4) Portolania (1706-1718).

No	Nuova numerazione	Titolo	Caratteri estrinseci	Antica numerazione	Indice
					5) Corriere di Napoli (1707-1716).
					6) Cancellaria Civile (1708-1717).
					7) Cancellaria Criminale (1708-1717).
					8) Catapanato (1706-1718).
					9) Pane e Foglie (1706-1716).
					10) Dannodato (1706-1718).
					11) Banca del pesce (1706-1718).
					12) Depositaria dei Pegni (1712-1716).
					13) Appalto della carta (1708-1717).
					14) Tabbacco (1709-1718).
					15) Terziaria del vino (1706-1718).
					16) Dazio del sale (1708-1716).
					17) Acquavita (1708-1717).
					18) Fiera della SS.ma Annunziata (1707-1718).
					19) Fiera di S.Onofrio (1706-1718).
					20) Fiera di S.Bartolomeo (1706-1718).
					21) Appalto dei Porci (1706-1718).
					22) Fiera di S.Francesco (1706-1718).
					23) Affitto di Territorij (1708-1717).
					24) Voce del vino (1706-1718).
					25) Partiti diversi (1710-1718).
68	2.VI.1.7	**ELEZIONE DI UFFICIALI** (1719-1732)	v. leg. perg. con indice cc. 276 (h 28x19) visto di Michele Capasso e Francesco Maurelli Dep. 1749, gen. 8	v. CC	§ I) ELEZIONE D'UFFICIALI: 1) Alla carica d'Avvocato della Città (1719-1728). 2) Alla carica di Sindaco (1719). 3) Alla carica di Tesoriere (1729) 4) Alla carica di Governatore della SS.ma Annunziata (1732). 5) Alla carica de Deputati per la Questua da farsi per la coronazione della Madonna delle Grazie (1722). 6) Alla carica de Revisori di Dannodato (1723). 7) Alla carica di Cancelliere della Città (1719). 8) Alla carica di Giudice Pedaneo (1719-1732). 9) Alla carica di Attuario di S.Leucio (1719-1732). 10) Alla carica di Attuario di Montorso (1719-1732 § II) SUBASTAZIONE DE DAZI COMMUNITATIVI:

No	Nuova numerazione	*Titolo*	Caratteri estrinseci	Antica numerazione	Indice
					1) Pane venale (1719-1732).
					2) Gabella della carne (1719-1732).
					3) Banca de' frutti (1719-1732).
					4) Portolania (1719-1732).
					5) Posta di Napoli (1719-1731).
					6) Cancellaria Civile (1720-1730).
					7) Cancellaria Criminale (1720-1730).
					8) Catapanato (1719-1732).
					9) Pane e Foglie (1719-1731).
					10) Danno Dato (1719-1732).
					11) Banca del pesce (1719-1732).
					12) Appalto della carta (1720-1732).
					12-bis) Depositaria de' Pegni (1721-1731).
					13) Tabacco (1721-1731).
					14) Terzaria del vino (1719-1731).
					15) Dazio del sale (1719-1731).
					16) Acquavita (1720-1729).
					17) Fiera della SS.ma Annunziata (1719-1732).
					18) Fiera di S. Onofrio (1719-1732).
					19) Fiera di S. Bartolomeo (1719-1732).
					20) Appalto de' Porci (1719-1732).
					21) Fiera di S. Francesco (1719-1731).
					22) Affitto dei Territorii detti Tienchio e Tammarito ed Osteria di Sua Eminenza (1719-1732).
					23) Partiti diversi (1719-1732).
					24) Risoluzioni, ordini, e decreti appartenenti all'affari Communitativi (1720-1730).
					25) Voci del vino (1719-1731).
69	2.VI.1.8	**ELEZIONE DI UFFICIALI TO. IX (1732-1738)**	v. leg. perg. con indice cc. 318 (h 28x21) visto di Michele Capasso e Francesco Maurelli Dep. 1748, ott. 14	v. 124 e 198 e v. CLXXXXVIII	§ I) ELEZIONE D'OFFICIALI:
					1) Alla carica di Fiscale (1736).
					2) Alla carica di Governatore dello Monte della Pietà (1736-1738).
					3) Alla carica di Governatore di S. Leucio (1738).
					4) Alla carica di Sindaco (1733-1737).
					5) Alla carica de' Sindicatori (1735-1736).
					6) Alla carica di Procuratore dell'Annunziata (1734).
					7) Alla carica de Deputati (1733-1738).
					8) Alla carica de Rivisori (1733).

No	Nuova numerazione	*Titolo*	Caratteri estrinseci	Antica numerazione	**Indice**
					9) Alla carica di Giudice Pedaneo (1732-1738).
					10) Alla carica di Attuario di S.Leucio (1733-1738).
					11) Alla carica di Attuario di Mont'Orso (1733-1738).
					§ II) SUBASTAZIONI DE DAZII COMMU-NITATIVI:
					1) Pane venale (1733-1738).
					2) Gabella della carne (1733-1738).
					3) Quartuccio, Quartucciello, e grano a ruotolo (1737).
					4) Banca de frutti (1733-1738).
					5) Portolania (1733-1738).
					6) Posta di Napoli (1734-1737).
					7) Cancellaria Civile (1733-1736).
					8) Cancellaria Criminale (1733-1736).
					9) Catapanato (1733-1738).
					10) Pane e Foglie (1734-1737).
					11) Dannodato (1733-1738).
					12) Banca del pesce (1733-1738).
					13) Depositaria dé Pegni (1733-1737).
					14) Appalto della carta (1735-1738).
					15) Appalto del Tabbacco (1734-1737).
					16) Terzaria del vino (1732-1738).
					17) Dazio del sale (1734-1737).
					18) Dazio dell'acquavita (1732-1735).
					19) Mantenimento della neve (1737).
					20) Affitto dell'Archivio dé Notai (1738)
					21) Fiera della SS.ma Annunziata (1733-1737).
					22) Fiera di S.Onofrio (1733-1738).
					23) Fiera di S. Bartolomeo (1733-1738).
					24) Appalto dé porci (1733-1738).
					25) Fiera di S. Francesco (1732-1738).
					26) Affitto dé Territorij, et Osteria dell'Arcivescovo (1735-1738).
					27) Voce del vino (1732-1737).
					28) Partiti diversi (1733-1738).
					29) Decreti, risoluzioni et ordini toccanti diverse materie (1733-1737).
					30) Assisa a Pizzicaroli per l'occasione della Pasqua di Resurrezione (1733-1738).

No	Nuova numerazione	*Titolo*	Caratteri estrinseci	Antica numerazione	Indice
70	2.VI.1.9	**ELEZIONE DI UFFICIALI** (1738-1743)	v. leg. perg. con indice cc. 285 (h 28x21) visto di Michele Capasso e Francesco Maurelli Dep. 1748, nov. 14	v. CLXXXXIX	§ I) ELEZIONE D'UFFICIALI: 1) Alla carica di Console (1739-1740). 2) Alla carica di Avvocato della Città (1739-1741). 3) Alla carica di Deputato (1742). 4) Alla carica di Sindaco (1739). 5) Alla carica di Giudice Pedaneo (1739-1743). 6) Alla carica di Revisore dei Giudicati di Dannodato (1739-1742). 7) Alla carica di Attuario di S.Leucio (1739-1742). 8) Alla carica di Attuario di Mont'Orso (1739-1742) § II) SUBASTAZIONE DI DAZII COMMUNITATIVI: 1) Pane venale (1739-1743). 2) Gabella della carne (1739-1743). 3) Banca de frutti(1739-1742). 4) Portolania (1739-1742). 5) Posta di Napoli (1740). 6) Cancellaria Civile (1739-1742). 6) bis Cancellaria Criminale (1739-1742). 7) Catapanato (1739-1742). 8) Pane e Foglie (1739-1742). 9) Dannodato (1739-1742). 10) Banca del pesce (1739-1742). 11) Depositaria dé Pegni (1739-1742). 12) Appalto della carta (1741). 13) Appalto del Tabbacco (1740). 14) Terzaria del vino (1739-1742). 15) Dazio del sale (1740). 16) Mantenimento della neve (1743). 17) Appalto dell'acquavita (1738-1741). 18) Fiera della SS.ma Annunziata (1739-1743). 19) Fiera di S.Onofrio (1739-1742). 20) Fiera di S.Bartolomeo (1739-1742). 21) Appalto dé porci (1739-1742). 22) Fiera di S.Francesco (1739-1742). 23) Affitto dell'Osteria dell'Arcivescovo (1741). 24) Voce del vino (1738-1742). 25) Partiti diversi (1739-1742). 26) Decreti, Risoluzioni ed Ordini appartenenti agli affari Communitativi (1738-1741). 27) Assise à Pizzicaroli in occasione della Pasqua di Resurrezione (1739-1743).

No	Nuova numerazione	*Titolo*	Caratteri estrinseci	Antica numerazione	**Indice**
71	2.VI.1.10	**LIBRO DELLE ELEZIONI DI UFFICIALI. ACCENSIONI E DELIBERE DE' DAZI COMMUNITATIVI (1743-1753)**	v. leg. perg. cc. 676 v. (h 30x10)	v. 422 e 202 v. (CCII)	*c. 392: Disegno ad inchiostro della nuova giunzione nel Ponte di S. Vito.* *Tra le cc. 618-619: Disegno ad inchiostro della nuova Ruota del Palazzo Magistrale.*
72	2.VI.1.11	**LIBRO DELLE ELEZIONI DI UFFICIALI. ACCENSIONI E DELIBERE DE' DAZI COMMUNITATIVI (1753-1760)**	v. leg. perg. cc. 421 v. (h 28x21)	v. 423 e v. CCIII	*Molte cc. volanti; alla c. 44 disegno ad inchiostro di una giunta da farsi allo stipone dell'Archivio dell'Ill.mo Magistrato (c. volante) 1753.*
73	2.VI.1.12	**LIBRO DELLE ELEZIONI DI UFFICIALI. ACCENSIONI E DELIBERE DE' DAZI COMMUNITATIVI (1760-1767)**	v. leg. perg. cc. 415v. (h 30x10)	vv. 424 e 204	
74	2.VI.1.13	**LIBRO DELLE ELEZIONI DI UFFICIALI. ACCENSIONI E DELIBERE DE' DAZI COMMUNITATIVI DAL 10 AGOSTO 1768 FINO AL 9 GIUGNO 1780**	v. leg. perg. cc. 642 v. (h 28x21)	v. 425 e 205 v. CCV	*c. 479: 1777, giugno 28* *Disegno sull'acque delle fontane del Tavolario Antonio Sampietro Beneventano. Relazione del suddetto Tavolario colla spesa occorrente per la ristorazione degli antichi acquedotti dell'acqua che conducono a Benevento.*
75	2.VI.1.14	**RISOLUZIONI MAGISTRALI DAL (1780-1816)**	v. leg. perg. cc. 576 (h 29x20)	v. 33 e 432	*Int: «Elezioni degli Ufficiali e vendite dei dazii».*
76	2.VI.2.1	**SINDACATI GOVERNATORI, VICE GOVERNATORI E LUOGOTENENTI TO. I (1605-1626)**	v. leg. perg. con indice cc. 274 v. (h29x21) **visto del Card. Orsini 1710, ag. XI v. 31**	v. CLXXVI v. 31 e 176	
77	2.VI.2.2	**SINDICATI DE' GOVERNATORI E LUOGOTENENTI (1613-1719)**	v. leg. cart. con indice cc. 149 v. (h 29x22)	v. CLXXIII	
78	2.VI.2.3	**ACTA SJNDICATUS GUBERNATORUM ET VICE GUBERNATORUM TO. II (1630-1652)**	v.leg. perg. con indice cc.351 v. (h28x20) **visto del Card. Orsini 1710, ag. X v. 32**	v. CLXXVII v. 177 e 32	
79	2.VI.2.4	**ACTA SJNDICATUS GUBERNATORUM ET VICE GUBERNATORUM TO. III (1656-1674)**	v.leg.perg. con indice cc.79 v. (h28x21) **visto del Card. Orsini 1710, apr. VIII v. 33**	v. CLXXVIII v. 33	

No	Nuova numerazione	*Titolo*	Caratteri estrinseci	Antica numerazione	**Indice**
80	2.VI.3.1	**SINDICATI DE' GOVERNATORI E CONSOLI** (1593-1673)	v. leg. cart. con indice cc. 114 v. (h29x20)	v. CLXXI	Tomo de' processi de' sindacati divisi nelle seguenti sezioni cioè: § I) SINDICATI DE' MAGISTRATI (1593-1673). § II) SINDICATI DE' GIUDICI DE' CATAPANI (1617-1651). § III) SINDICATI DE' GIUDICI DE' PEDANEI (1615-1651). § IV) SINDICATI DE' GIUDICI DE' PORTULANI E CONSOLI (1622-1645). § V) SINDICATI DE' SINDICI (1645-1659). § VI) SINDICATI DE' CAPITANI ET ATTUARIJ (1649-1655). § VII) SINDICATI DI ATTUARIJ CIVILI E CRIMINALI (1616-1652). APPENDICE ALLA SEZ. III (1614-1645)
81	2.VI.3.2	**ACTA SJNDICATUS CONSULUM CIVITATIS, SJNDICORUM ETC. TO. IV** (1597-1674)	v. leg. perg. con indice cc. 298 v. (h29x21) **visto del Card. Orsini 1710, ag. VII v. 34**	v. CL... v. 34	§ I) ACTA SJNDACATUS CONSULUM VEL AIORUM CONIUNCTIM (1597-1674). § II) ACTA SJNDACATUS SJNDICORUM (1618-1674). § III) ACTA SJNDACATUS VICARIORUM TEMPORALIUM (1611-1688). § IV) ACTA SJNDACATUS CAPITANEORUM S.LEUCIJ (1605-1672). § V) ACTA SJNDACATUS M.ACTORUM S. LEUCIJ (1646-1670). § VI) ACTA SJNDACATUS CAPITANEORUM MONTIS URSI (1597-1621) § VII) ACTA SJNDACATUS IUDICUM PEDANEORUM (1607-1674). § VIII) ACTA SJNDACATUS IUDICORUM DAMNORUMDATORUM (1597-1631). § IX) ACTA SJNDACATUS PROTHOMEDICORUM (1636-1666).
82	2.VI.3.3	**ACTA SJNDICATUS MAGISTRATORUM CIVILIUS ET CRIMINALIUS TO. V** (1598-1665)	v. leg.perg. con indice cc. 205 v. (h 28x21) **visto del Card. Orsini 1710, mar. VI v. 35**	v. 180 e 35 v. (CLXXX)	
83	2.VI.3.4	**ACTA SINDICATUS BARONCELLOS TO. VI** (1598-1673)	v. leg. perg. con indice cc. 305 (h 29x21) **visto del Card. Orsini 1710, apr. IX v. 36**	v. 181 e 36	

No	Nuova numerazione	*Titolo*	Caratteri estrinseci	Antica numerazione	**Indice**
84	2.VI.3.5	**SINDICATI DE' BARRICELLI** (1607-1655)	v. leg. cart. con indice cc. 40 v. (h 28x21)	v. CLXXII	Tomo concernente i processi de sindicati de Barricelli della curia di Monsignor illustrissimo Governatore della città di Benevento dall'anno 1607al 1655.
85	2.VI.3.6	**SINDICATI DE' GOVERNATORI ED ALTRI UFFICIALI DELLA CITTÀ** (1703-1733)	v. leg. perg. con indice cc. 35 (h 29x21) visto Michele Capasso e Francesco Maurelli 1749, marzo 18	v. CLXXIII	§ I) SINDICATI DEL GOVERNATORE ED ALTRI UFFICIALI DELLA CITTÀ: 1) Circa i sindicati di Mons. Governatore (1703-1731). 2) Circa il sindicato dé Consoli (1729-1733). 3) Circa il sindicato del Giudice Pedaneo, e Portolania (1729-1733). 4) Circa il sindicato del Governatore di S. Leucio e Mont'Orso (1729-1732). 5) Circa il sindicato dell'Attuario di S.Leucio e Mont'Orso (1723-1732). 6) Circa il sindicato del Fiscale, del Segretario della Città, e Sindico (1730-1731). 7) Circa il sindicato del Cancelliere Civile e Bargello della Città (1730). § II) ORDINI.
86	2.VI.3.7	**SINDICATI DE' CONSOLI ED ALTRI UFFICIALI** (1713-1728)	v. leg. cart. con indice cc. 105 (h 29x22)	v. CLXXIV	Sindicati delli Sig.ri del Magistrato ed altri uffiziali dal 1713 per tutto il 1728.
87	2.VI.3.8	**SINDICATI DE' GOVERNATORI E CONSOLI** (1729-1734)	v. leg. cart. con indice cc. 108 (h 29x21)	v. CLXXV	
88	2.VI.3.9	**SINDICATI DE' GOVERNATORI E CONSOLI** (1729-1734)	v. leg. perg. con indice cc. 27 v. (h 29x21) visto Michele Capasso e Francesco Maurelli Deputato 1749, sett. 2	v. CLXXXIII	§ I) SINDICATI DEL GOVERNATORE, ED OFFICIALI DELLA CITTÀ: Circa il sindicato del governatore (1733) § II) CIRCA IL SINDICATO DÉ CONSOLI (1729-1733). § III) CIRCA SINDICATO DE' GOVERNATORI DI S. LEUCIO, E MONT'ORSO (1734). § IV) CIRCA IL SINDICATO DEL SINDACO DELLA CITTÀ, ATTUARIO DI S. LEUCIO, E MONT'ORSO (1733-1734). § V) CIRCA IL SINDICATO DEL GIUDICE PEDANEO DELLA CURIA TEMPORALE, GIUDICE DELLA PORTOLANIA, E BARGELLO DELLA CITTÀ (1733-1734).
89	2.VI.3.10	**SINDICATI** (1735-1737)	v. leg. perg. con indice cc. 86v. (h29x21) visto Michele Capasso e Francesco avvocato, Maurelli Deputato 1746, ag. 26.	v. CLXXXIV	SINDICATI DEL GOVERNATORE, ED ALTRI OFFICIALI DELLA CITTÀ: 1) Circa il Sindicato del Governatore (1737). 2) Circa il Sindicato dei Consoli (1735-1737). 3) Circa il Sindicato del Vicegerente (1736). 4) Circa il Sindicato dei Giudici Pedanei

No	Nuova numerazione	*Titolo*	Caratteri estrinseci	Antica numerazione	Indice
					(1735-1737).
					5) Circa il Sindicato del Giudice della Portolania, Governatori di S. Leucio, e Mont'Orso (1735-1737).
					6) Circa il Sindicato del Sindaco, Attuario di s. Leucio, e di Mont'Orso, Governatore Procuratore della SS.ma Annunziata (1735).
90	2.VI.3.11	**SINDICATI DE' CONSOLI ED ALTRI UFFIZIALI DAL 5 AGOSTO 1749 FINO A 4 SETT. 1783**	v. leg. perg. cc. 246v. (h 29x21)	v. 426 v. 186	
91	2.VI.3.12	**SINDICATORIE (1784-1805)**	v. leg. perg. cc. 166 (h 29x20)	v. CLXXXV v. 468	
92	2.VI.4.1	**REGISTRO PATENTARUM OFFICIA (1630-1805)**	v. leg. perg. con indice incompleto cc. 339 v. (h 30x22)	v. CC e 235 v. 201	LITERAE PATENTALES OFFICIALIUM, ET POSSESSIONES EORUNDEM: 1) Ad Gubernium Civitatis (1630-1728). 2) Ad officium Vicariatus Temporalis (1632-1724). 3) Ad officium Baroncellatus (1632-1724).
93	2.VI.5.1	**SURROGAZIONE DE' CONSOLI ED ALTRO ETC. (1672-1728)**	v. leg. cart. con indice cc. 62 (h 29x21)	v. CLXXXVII	§ I) CIRCA LA SURROGAZIONE DE' CONSOLI (1714-1728). § II) CIRCA I DEPUTATI DEL POPOLO (1672). § III) CIRCA I TESORIERI DELLA CITTÀ: 1) Per Bartolomeo de Leone (1717-1719). 2) Per Mercurio Tomaselli (1719-1728). 3) Per Niccolò Zainella (1720-1721). 4) Per Francesco Rispoli (1721).
94	2.VI.5.2	**SURROGAZIONE DI DIVERSI UFFIZIALI (1764-1800)**	v. leg. cart. con indice incompleto cc. 54 (h 29x21)	v. 429	
95	2.VI.6.1	**POSSESSO DE' CONSOLI, GOVERNATORI ED ALTRI UFFICIALI (1739-1749)**	v. leg. perg. cc. 235 v. (h 29x21)	v. CLXXXIX	Possesso dei Consoli (1739-1749). Sindicato di vari Ufficiali (1739-1749).
96	2.VI.6.2	**POSSESSO DEI CONSOLI (1749-1771)**	v. leg. perg. cc. 78 (h 29x21)	v. CCVI	
97	2.VI.6.3	**POSSESSO DEI CONSOLI (1773-1805)**	v. leg. perg. cc. 62 (h 28x19)	v. CCVII	

No	Nuova numerazione	*Titolo*	Caratteri estrinseci	Antica numerazione	Indice
98	2.VII.1.1	**AGGREGAZIONE ALLA NOBILTÀ (1590-1672)**	v. leg. perg. con indice cc. 223 (h 28x21) **visto del Card. Orsini 1710, mag. VIII v. 37**	v. 145 v. 37	Processus super aggregationes Pro populo contra Nobiles (1590-1672).
99	2.VII.1.2	**AGGREGAZIONE ALLA NOBILTÀ (1600-1644)**	v. leg. perg. con indice cc.199 (h 29x21) **visto del Card. Orsini 1710, ag. VIII v. 38**	v. 14 v. 204	
100	2.VII.1.3	**SCRITTURE DELLA FAMIGLIA DE SARNO**	v. leg. perg. cc. 68	v. 25	
101	2.VII.2.1	**NOMI DE FORASTIERI AGGREGATI ALLA CITTADINANZA DALL'ANNO 1601 ALL'ANNO 1642**	v. leg. perg. con indice cc. 355 v. (h 27x19) **visto del Card. Orsini 1710, feb. V v. 39**	v. XIII	

No	Nuova numerazione	Titolo	Caratteri estrinseci	Antica numerazione	Indice
102	2.VIII.1.1	**DELIBERAZIONI CONSILIARI** **(1563-1567)**	v. leg. perg. con indice cc. 130v. (h 31x20) **visto del Card. Orsini 1710, mar. VII v. 40**	v. 40	Consilia a' mense julio 1563 ad mensem february, 1567. TO. I
103	2.VIII.1.2	**DELIBERAZIONI CONSILIARI** **(1585-1587)**	v. leg. perg. con indice cc. 55 (h 29x22) **visto del Card. Orsini 1710, apr. IX v. 41**	v. 41	Consilia a' mense novembri 1585 ad mensem januarij, 1587. TO. II
104	2.VIII.1.3	**DELIBERAZIONI CONSILIARI** **(1588-1590)**	v. leg. perg. con indice cc. 236. (h 29x21) **visto del Card. Orsini 1710, mar. VIII v. 42**	v. 42	Consilia a' mense martio 1588 ad mensem septembris, 1590. TO. III
105	2.VIII.1.4	**CONSILIA** **(1592-1594)**	v. leg. perg. con indice cc. 117v. (h 29x21) **visto del Card. Orsini 1710, mar. IX v. 43**	v. 43	Consilia a' mense augusto 1592 ad mensem junij 1594. TO. IV
106	2.VIII.1.5	**CONSILIA** **(1594-1598)**	v. leg. perg. con indice cc. 435. (h 30x20) **visto del Card. Orsini 1710, mar. IX v. 44**	v. 44	Consilia a' mense augusto 1594 ad mensem aprilis 1598. TO. V
107	2.VIII.1.6	**DELIBERAZIONI CONSILIARI** **(1598-1660)**	v. leg. perg. con indice cc. 238v. (h 29x21) **visto del Card. Orsini 1710, mag. VIII v. 45**	v. 45	Consilia a' mense junio 1598 ad mensem martij 1600. TO. VI
108	2.VIII.1.7	**DELIBERAZIONI CONSILIARI** **(1600-1604)**	v. leg. perg. con indice cc. 321 (h 28x20) **visto del Card. Orsini 1710, mar. IX v. 46**	v. 46	Consilia a' mense aprilis 1600 ad mensem martij 1604. TO. VII

No	Nuova numerazione	*Titolo*	Caratteri estrinseci	Antica numerazione	**Indice**
109	2.VIII.1.8	**DELIBERAZIONI CONSILIARI** **(1606-1610)**	v. leg. perg. con indice cc. 242 (h 29x20) **visto del Card. Orsini 1710, ag. VIII v. 47**	t. 8 e (v. 47)	Consilia à mense maij 1606 ad mensem aprilis 1610. TO. VIII
110	2.VIII.1.9	**DELIBERAZIONI CONSILIARI** **(1610-1614)**	v. leg. perg. con indice cc.193 (h29x20) **visto del Card. Orsini 1710, mag. XVIII v. 48**	t. 9	Consilia a' mense maio 1610 ad mensem martij 1614. TO. IX
111	2.VIII.1.10	**DELIBERAZIONI CONSILIARI** **(1614-1616)**	v. leg. perg. con indice cc. 160 v. (h 31x20) **visto del Card. Orsini 1710, mar. VII v. 49**	t. 10	Consilia a' mense majo 1614 ad mensem septembris 1616. TO. X
112	2.VIII.1.11	**DELIBERAZIONI CONSILIARI** **(1616-1620)**	v. leg. perg. con indice cc. 362 (h 29x20) **visto del Card. Orsini 1710, mar. IV v. 50**	v. 50	Consilia a' mense octobris 1616 ad mensem septembris 1620. TO. XI
113	2.VIII.1.12	**DELIBERAZIONI CONSILIARI** **(1621-1623)**	v. leg. perg. con indice cc. 333v. (h 29x20) **visto del Card. Orsini 1710, apr. IX v.51**	v. 51	Consilia a' mense febrajo 1621 ad mensem novembris 1623. TO. XII
114	2.VIII.1.13	**DELIBERAZIONI CONSILIARI** **(1624-1631)**	v. leg. perg. con indice cc. 349 (h 29x20) **visto del Card. Orsini 1710, mag. IV v. 52**	v. 52	Consilia a' mense martio 1624 ad mensem aprilis 1631. TO. XIII
115	2.VIII.1.14	**DELIBERAZIONI CONSILIARI** **(1631-1640)**	v. leg. perg. con indice cc. 508 (h 29x21) **visto del Card. Orsini 1710, gen. XXIV v. 53**	v. 53	Consilia a' mense junio 1631 ad mensem novembris 1640. TO. XIV
116	2.VIII.1.15	**DELIBERAZIONI CONSILIARI** **(1641-1644)**	v. leg. perg. con indice cc.278 (h 29x21) **visto del Card. Orsini 1710, ag. VIII v. 54**	v. 54	Consilia a' mense ianuarij 1641 ad mensem novembris 1644. TO. XV
117	2.VIII.1.16	**DELIBERAZIONI CONSILIARI** **(1645-1650)**	v. leg. perg. con indice cc. 318v. (h 30x21) **visto del Card. Orsini 1710, ag. VIII v. 55**	v. 55	Consilia a' mense ianuario 1645 ad mensem septembris 1650. TO. XVI

No	Nuova numerazione	*Titolo*	Caratteri estrinseci	Antica numerazione	Indice
118	2.VIII.1.17	**DELIBERAZIONI CONSILIARI (1649-1672)**	v. leg. perg. con indice cc. 425 (h 32x21)	v. 21	Consilia a' mense septembris 1649 ad novembris 1672
119	2.VIII.1.18	**DELIBERAZIONI CONSILIARI (1651-1655)**	v. leg. perg. con indice cc. 288 (h 9x20) **visto del Card. Orsini 1710, mar. VIII v. 56**	v. 56 t. 17	Consilia a' mense ianuario 1651 ad mensem octobris 1655. TO. XVII
120	2.VIII.1.19	**DELIBERAZIONI CONSILIARI (1656-1660)**	v. leg. perg. con indice cc. 212. (h 29x21) **visto del Card. Orsini 1710, feb. XXVI v. 57**	v. 57 t. 18	Consilia a' mense februario 1656 ad mensem octobris 1660. TO. XVIII
121	2.VIII.1.20	**DELIBERAZIONI CONSILIARI (1661-1665)**	v. leg. perg. con indice cc. 248 (h 29x20) **visto del Card. Orsini 1710, feb. VII v. 58**	t. 19	Consilia a' mense ianuarij 1661 ad mensem maij 1665. TO. XIX
122	2.VIII.1.21	**DELIBERAZIONI CONSILIARI (1665-1670)**	v. leg. perg. con indice cc. 226 (h 29x21) **visto del Card. Orsini 1710, mag. IX v. 59**	t. 20	Consilia a' mense maji 1665 ad mensem novembris 1670. TO. XX
123	2.VIII.1.22	**CONSILIA A' MENSE MAJO 1671 AD MENSEM SEPTEMBRIS 1674 TO. XXI LETTERA A**	v. leg. perg. con indice cc. 170 (h 29x20) **visto del Card. Orsini 1710, feb. VIII v. 60**	t. 22	Consilia a' mense majo 1671 ad mensem septembris 1674. TO. XXI LETTERA A
124	2.VIII.1.23	**CONSILIA A' DIE 3 JUNIJ 1685 AD DIEM 16 SEPTEMBRIS 1714 TO. XXI LETTERA B**	v. leg. perg. con indice cc. 225v. (h 43x28)	v. 60 e 471	Consilia a' die 3 junij 1685 ad diem 16 septembris 1714. TO. XXI LETTERA B
125	2.VIII.1.24	**DELIBERAZIONI CONSILIARI (1715-1735)**	v. leg. pelle con indice cc. 261 (h 42x27)	t. 24 e v. 61	Consigli dell'anni 1715 fino all'anno 1735 TO. XXIV
126	2.VIII.1.25	**DELIBERAZIONI CONSILIARI (1736-1751) TO. XXIV LETTERA A**	v. leg. pelle. cc. 564 (h 41x22)	t. 25 e v. 61 v. 473	Consilia TO. XXIV L.A *Manca l'indice per la prima volta*

No	Nuova numerazione	Titolo	Caratteri estrinseci	Antica numerazione	Indice
127	2.VIII.1.26	**DELIBERAZIONI CONSILIARI** (1753-1766) **TO. XXIX**	v. leg. pelle. cc. 361v. (h 44x27)	t. 60	
128	2.VIII.1.27	**DELIBERAZIONI CONSILIARI** (1766-1786)	v. leg. perg. cc 81v. (h 27x21)	t. 32 v. 430	Liber in quo omnia proposita et resolutiones facta per illustrissimos dominos consules adnotantur.
129	2.VIII.1.28	**DELIBERAZIONI CONSILIARI** (1766-1789)	v. leg. pelle cc. 659 (h 43x27)	t. 27 v. 475	
130	2.VIII.1.29	**DELIBERAZIONI CONSILIARI** (1779-1805)	v. leg. pelle cc. 238 (h42 x27)	t. 31 v. 470	Congregazioni economiche incominciate a di 18 dicembre 1779 e terminate 1805
131	2.VIII.1.30		cc. sciolte s.n. in cartella cart. (h 27x21)		Deliberazioni Consiliari dal 1780 al 1789.
132	2.VIII.1.31		cc sciolte s.n. in cartella cart. (h 36x25)		Deliberazioni Consiliari dal 1788 al 1790.
133	2.VIII.1.32	**DELIBERAZIONI CONSILIARI** (1789-1806)	v. leg. perg. cc. 595 v. (h 44x29)	t. 30 v. 476	
134	2.VIII.1.33	**DELIBERAZIONI CONSILIARI** (1791-1793)	c.s.n. in cartella cart. (h 35x25)		
135	2.VIII.1.34	**DELIBERAZIONI CONSILIARI** (1794-1799)	c.s.n. incartella cart. (h 35x25)		

No	Nuova numerazione	Titolo	Caratteri estrinseci	Antica numerazione	Indice
136	2.IX.1.1	**LETTERE AGLI ARCIVESCOVI, GOVERNATORI (1578-1706)**	v. leg. cart. con indice cc. 58 v. (h. 29x22) **visto Card. Orsini 1710, marzo VI v. 61**	v. LXXVI	§ I – LETTERE AGLI ARCIVESCOVI: 1. Della Sagra Congregazione dell'Immunità (1672-1673). 2. Di Cardinali (1578-1605). 3. Del Nunzio di Napoli (1596). § II – LETTERE A' GOVERNATORI E V. GOVERNATORI: 1. Del Sagro Collegio in Conclave (1623-1670). 2. Della Sagra Consulta (1597-1706). *(c. 16 manca)*
137	2.IX.1.2	**LETTERE AI GOVERNATORI E VICEGOVERNATORI TO. II (1504-1673)**	v. leg. cart. con indice cc. 84 (h. 29x21) **visto Card. Orsini 1710, maggio XV v. 62**	v. LIII	§ I - LETTERE DELLA SAGRA CONGREGAZIONE DEL BUONGOVERNO. (1609-1673). § II - LETTERE DELLA SAGRA CONGREGAZIONE DE CONFINI (1630-1632). § III - LETTERE DI VARIJ CARDINALI (1504-1633). § IV - LETTERE DI MONSIGNOR PREFETTO DEGL'ARCHIVJ 1630-1632). § V - LETTERE DI MONSIGNOR NUNZIO DI NAPOLI (1629). APPENDICE AL § I (1630-1672). APPENDICE AL § II (1629).
138	2.IX.1.3	**LETTERE AI GOVERNATORI (1600-1635)**	v. leg. perg. cc. 108 (h. 29x21)	v. LXIII	
139	2.IX.1.4	**LETTERE AI GOVERNATORI (1641-1732)**	v. leg. perg. con indice (volante) cc. 157 (h. 29x22) visto di Michele Maurelli e Francesco Capasso 1748, dicembre 30	v. 75 v. LXII v. 62	§ I - LETTERE DELLA SAGRA CONSULTA (1641-1732). § II - LETTERE DELLA SAGRA CONGREGAZIONE DEL BUON GOVERNO (1664-1732). § III-LETTERE DEL CARDINALE DI STATO (1663- 1732). § IV - LETTERE DEL CARDINALE ARCIVESCOVO (1731). § V- LETTERE DI MONSIGNOR TESORIERE DELLA CAMERA-

No	Nuova numerazione	*Titolo*	Caratteri estrinseci	Antica numerazione	**Indice**
					§ VI - LETTERE DIVERSE DI CARDINALI (1730-1732). § VII - LETTERE DIVERSE DI PRELATI (1730-1732). § VIII - LETTERE DELL'AGENTE IN ROMA (1730-1731). § IX - LETTERE DE MINISTRI REGII (1732).
140	2.IX.1.5	**LETTERE AI GOVERNATORI** **(1677-1699)**	v. leg.cart. con indice cc. 121 c (h. 29x20) visto di Michele Capasso 1749, agosto 26	v. LIV	§ I) - LETTERE DELLA SAGRA CONSULTA (1685-1699). § II) - LETTERE DELLA SAGRA CONGREGAZIONE DEL BUON GOVERNO (1677-1699). § III) - LETTERE DE CAPI D'ORDINI (1691). § IV) - LETTERE DEL SEGRETARIO DI STATO, E CONSULTA (1685-1694). § V) - LETTERE DEL SEGRETARIO DELLA SAGRA CONGREGAZIONE DEL BUON GOVERNO (1684-1685).
141	2.IX.1.6	**LETTERE DELLA SACRA CONSULTA E BUON GOVERNO** **(1683-1734)**	v. leg. perg. con indice (incompleto) cc. 104 (h. 28x21)	v. LXIV	
142	2.IX.1.7	**LETTERE AI GOVERNATORI TO. IV** **(1686-1720)**	v. leg.cart. con indice cc. 131 (h. 28x21) visto di Michele Capasso e di Franceso Mauelli 1749, agosto 27	v. LV	§ I) - LETTERE DELLA SAGRA CONGREGAZIONE DEL BUON GOVERNO (1686-1720). § II) - LETTERE DELLA SAGRA CONSULTA (1718-1720). § III) - LETTERE DELLA SEGRETERIA DI STATO (1707).
143	2.IX.1.8	**LETTERE AI GOVERNATORI** **(1700-1709)**	v. leg.cart. con indice cc. 138 v. (h. 29x21) visto di Michele Capasso e di Franceso Maurelli 1749, agosto 30	v. LVII	§ I) - LETTERE DELLA SAGRA CONSULTA (1700-1709). § II) - LETTERE DELLA SAGRA CONGREGAZIONE DEL BUON GOVERNO (1700-1709). § III) - LETTERE DEL SEGRETARIO DI STATO E CONSULTA (1703-1709). § IV) - LETTERE DEL TESORIERE DELLA CAMERA (1705). § V) - LETTERE DEL NUNZIO DI NAPOLI (1708). § VI) - LETTERE DEL PREFETTO DEL ARCHIVIO (1705-1707).
144	2.IX.1.9	**LETTERE AI GOVERNATORI** **(1710-1713)**	v. leg.cart. cc. 109 (h. 29x21)	v. 69 v. LVIII	

No	Nuova numerazione	*Titolo*	Caratteri estrinseci	Antica numerazione	Indice
145	2.IX.1.10	**LETTERE AI GOVERNATORI (1711-1719)**	v. leg. cart. con indice cc. 112 (h. 29x21) visto di Michele Capasso e di Franceso Maurelli 1749, agosto 26	v. LIX	§ I) - LETTERE DEL SIGNOR CARDINALE SEGRETARIO DI STATO (1711-1719). § II) - LETTERE DELLA SAGRA CONSULTA (1714-1719). § III) - LETTERE DELLA SAGRA CONGREGAZIONE DEL BUON GOVERNO (1714-1717).
146	2.IX.1.11	**MATERIE DIVERSE (1720-1729)**	v. leg. cart. cc. 72 (h. 298x21)	v. 278 e 71 v. CCXXVIII	*Lettere ai Governatori*
147	2.IX.1.12	**LETTERE AI GOVERNATORI (1721-1728)**	v. leg. cart. con indice cc. 187 v. (h. 29x21)	v. 68 v. LVI	§ I) - LETTERE DALLA SEGRETERIA DI STATO (1725-1728). § II) - LETTERE DELLA SAGRA CONGREGAZIONE DEL BUON GOVERNO (1721-1728). § III) - LETTERE DELLA SAGRA CONSULTA (1721-1728). § IV) - LETTERE DELLA SAGRA CONGREGAZIONE DELL'ARTE AGRARIA (1722).
148	2.IX.1.13	**LETTERE AI GOVERNATORI (1730-1733)**	v. leg. perg. cc. 44 (h. 28x21)	v. 74 v. 61	*Lettere à Governatori e Consoli*
149	2.IX.1.14	**LETTERE AI GOVERNATORI (1732-1737)**	v. leg. perg. cc. 92 v. (h. 29x22)	v. LXXVII v. 77	
150	2.IX.1.15	**LETTERE AI GOVERNATORI (1737-1743)**	v. leg. perg. cc. 114 (h. 29x21)	v. LX v. 73	
151	2.IX.1.16	**LETTERE DELLA SACRA CONSULTA E BUON GOVERNO A GOVERNATORI (1741-1752)**	v. leg. perg. cc. 142 (h. 29x20)	v. LXV v. 65	
152	2.IX.1.17	**LETTERE DELLA SACRA CONSULTA E BUON GOVERNO (1752-1758)**	v. leg. perg cc. 101 (h. 28x20)	v. LXVI	*A Governatori*
153	2.IX.1.18	**LETTERE DELLA SACRA CONSULTA E BUON GOVERNO (1758-1777)**	v. leg. perg. cc. 293 (h. 29x21)	v. LXVII	
154	2.IX.1.19	**LETTERE (1777-1780)**	v. leg. perg. cc. 119 v. (h. 29x23)	v. LXVIII	
155	2.IX.1.20	**COPIA DI LETTERE DI ROMA (1780-1806)**	v. leg. perg. cc. 834 v. (h. 29x21)	v. 411	

No	Nuova numerazione	*Titolo*	Caratteri estrinseci	Antica numerazione	**Indice**
156	2.IX.2.1	**LETTERE A CONSOLI** **(1482-1721)** **TO. I**	v. leg. perg. con indice cc. 41 (h30x22) **visto** **Card.Orsini** **1710, marzo XII** **v. 66**	v. VIII v. 8	§ I) LETTERE DELLI RE DI NAPOLI (1482-1498). § II) LETTERE DEI VICERÈ (1543). § III) LETTERE DI TITOLATI E PERSONAGGI DIVERSI (1445-1668). *Appendice al I:* § I) LETTERE DELLI RE DI NAPOLI (1487-1488). § II) LETTERE DEI VICERÈ (1524). § III) LETTERE DI TITOLATI E PERSONAGGI DIVERSI (1578-1721).
157	2.IX.2.2	**LETTERE A CONSOLI** **(1443-1680)**	v. leg. cart. cc.34 h. 38x23 **visto** **Card.Orsini** **1710, marzo XIV** **v. 62**		§ I) LETTERE DALL'ARCIVESCOVO DELLA CITTÀ (1483-1676). § II) LETTERE DEL COMMISSARIO DELLA CAMERA (1589). § III) LETTERE DI MONSIGNOR TESORIERE GENERALE (1538-1661). § IV) LETTERE DI MONSIGNOR PREFETTO DEGLI ARCHIVIJ (1634-1637). § V) LETTERE DI MONSIGNOR NUNZIO DI NAPOLI (1629-1649). § VI) LETTERE DI PRELATI DIVERSI (1495-1680). *Appendice:* § I) LETTERE DELL'ARCIVESCOVO DELLA CITTÀ (1607-1643). § VI) LETTERE DI PRELATI DIVERSI (1628).
158	2.IX.2.3	**LETTERE A' CONSOLI** **TO. I** **(1489-1685)**	v. leg. cart. con indice cc.38 (h 28x23) **visto** **Card.Orsini** **1710, marzo XIII** **v. 63**	v. XXII	§ LETTERE DI CARDINALI A CONSOLI (1489-1685).
159	2.IX.2.4	**LETTERE SCRITTE** **A' CONSOLI** **TO. I** **(1521-1638)**	v. leg. cart. con indice cc. 21 (h 31x24) **visto** **Card.Orsini** **1710, feb.X** **v. 64**	v. 67 t. IX	Lettere scritte à Consoli da varie Università. § I) LETTERE DI CITTÀ, E DA LORO ELETTI: 1) Lettere dell'eletti della Città di Napoli(1547-1591). 2) Lettere del Sindico,ed eletti della Città di Avellino (1544). § II) LETTERE DELL'UNIVERSITÀ ED ELETTI DE VARIE TERRE: 1) Lettere dell'Università dell'Apollosa (1580) 2) Lettere dell'Università d'Atripalda (1547-1551).

No	Nuova numerazione	Titolo	Caratteri estrinseci	Antica numerazione	Indice
					3) Lettere dell'Università di Baselice (1521).
					4) Lettere dell'Università di Campobasso (1533).
					5) Lettere dell'Università di Castelpoto (1559).
					6) Lettere dell'Università di Ceppaloni (1533).
					7) Lettere dell'Università di Montecorvino (1542).
					8) Lettere dell'Università di Montefuscoli (1536).
					9) Lettere dell'Università di Montesarchio (1559).
					10) Lettere dell'Università di Morcone (1547).
					11) Lettere dell'Università di Paduli (1551-1638).
					12) Lettere dell'Università di S. Severo (1551).
					13) Lettere dell'Università di Torrecuso (1548).
					14) Lettere dell'Università di Vitulano (1544-1591).
160	2.IX.2.5	**LETTERE A' CONSOLI TO. I** (1544-1655)	v. leg. cart. con indice cc. 13 v. **Visto Card. Orsini 1710, feb. IV v. 65**	v. LXX	LETTERE SCRITTE DA RELIGIOSI (1544-1655).
161	2.IX.2.6	**LETTERE DIVERSE DI CONSOLI DA VARI MINISTRI DI ROMA vol. XXVII C** (1596-1719)	v. leg. cart. cc.114 (h 29x23)	v. 93 v. (X)XIII	LETTERE SCRITTE DA RELIGIOSI (1544 - Lettere scritte à Signori del Magistrato da varij Procuratori di Roma; del signor Carlo Sampucci Deputato per l'impedimento del trafico in Napoli, e del Cancelliere Carmine Ventura, Messo in Roma per le cause della Comunità, del quali mancano varie lettere da esso Cancelliero mandate da colà per lo spazio di nove mesi. Principia detto tomo dall'anno 1596 all'anno 1719).
162	2.IX.2.7	**LETTERE A CONSOLI TO. III** (1720-1728)	v. leg. cart. con indice cc. 40 (h 28x21)	v. LXXI v. LXIVA	§ I) LETTERE SCRITTE DALLA SEGRETERIA DI STATO (1721-1728). § II) LETTERE SCRITTE DA CARDINALI (1720-1727). § III) LETTERE DI PRELATI DIVERSI (1720-1728).
163	2.IX.2.8	**LETTERE AI CONSOLI** (1733-1734)	v. leg. perg. cc. 85 (h 29x21)	v. IX… v. 81	
164	2.IX.2.9	**LETTERE A CONSOLI** (1734-1736)	v. leg. cart. oon indice incompleto cc. 183 (h 29x22) visto di Michele Capasso e Francesco Maurelli 1749, set. 2	v. LXXIV	§ I) § II) manca § III) manca §) IV manca §) V Lettere diverse

No	Nuova numerazione	Titolo	Caratteri estrinseci	Antica numerazione	Indice
165	2.IX.2.10	**LETTERE A CONSOLI** (1737)	v. leg. perg. cc. 94 (29x21)	v. LXXIII	
166	2.IX.2.11	**LETTERE A CONSOLI DI COMPLIMENTI** (1738-1744)	v. leg. perg. cc. 143 (29x22)	v. VI v. LXXIII	
167	2.IX.2.12	**LETTERE A' CONSOLI** (1762-1768)	v. leg. perg. cc. 199 (h 29x22)	v. LXXV	
168	2.IX.2.13	**LETTERE DELL'ABATE SORMANI** (1765-1768)	v. leg. perg. cc. 46 (h 29x22)	v. XXXXIX	Lettere tra l'avvocato Abbate Sormani in Roma con i Consoli per cause di defalco con il Subappaltatore delle ogane e il Dazio del Catapano.
169	2.IX.2.14	**LETTERE** (1767-1797)	v. leg. perg. cc. 30 (h 32x21)	v. 410	
170	2.IX.2.15	**TOMO DI LETTERE DELL'ABBATE ALOISI PROCURATORE IN ROMA DI CODESTA COMUNITÀ** (1778-1785)	v. leg. perg. cc. 131 (29x22)	v. 406 e 50	
171	2.IX.2.16	**LETTERE DEL PROCURATORE** (1785-1796)	v. leg. perg. cc. 296 (h 29x22)	v. LI v. 51 v. 402	
172	2.IX.3.1	**LETTERE DEGLI AGENTI E MINISTRI DI ROMA TO. I** (1593-1595)	v. leg. cart. cc. 75 (h 29x22) **visto del Card. Orsini 1710, ag. VII v. 68**	v. XXIX	TOMO I di lettere 70 degli Agenti e Ministri di Roma cioè: Ottaviano della Vipera Agente. Camillo di Morra, Tommaso Roscio Ambasciatori nell'anno 1596. *I sommarij di dette lettere sono o in fronte o in dorso delle medesime.*
173	2.IX.3.2	**LETTERE DEGLI AGENTI E MINISTRI DI ROMA TO. II** (1596)	v. leg. cart. cc. 89 v. (h 29x22) **visto del Card. Orsini 1710, ag. VIII v. 69**	v. XXV	TOMO II di lettere 48 degli Agenti e Ministri di Roma cioè: Ottaviano della Vipera Agente. Camillo Morra e Tommaso Roscio Ambasciatori nell'anno 1596. *I sommarij di dette lettere sono o in fronte o in dorso delle medesime.*
174	2.IX.3.3	**LETTERE DEGLI AGENTI E MINISTRI DI ROMA TO. III** (1597-1599)	v. leg. cart. cc. 72v. (h 28x21) **visto del Card. Orsini 1710, ag. VIII v. 70**	v. XXVI	TOMO III di lettere 35 di Ottaviano Della Vipera Agente di Roma dall'anno 1597 al 1599. *I sommarij di dette lettere sono o in fronte o in dorso delle medesime.*

No	Nuova numerazione	*Titolo*	Caratteri estrinseci	Antica numerazione	**Indice**
175	2.IX.3.4	**LETTERE DEGLI AGENTI E MINISTRI DI ROMA TO. IV** (1600-1603)	v. leg. cart. cc. 112 (h 29x22) **visto del Card. Orsini 1710, ag. VIII v. 71**	v. XXXI	TOMO IV di lettere 83 degli Agenti e Ministri di Roma cioè: Ottaviano della Vipera Agente, Claudio del Sindico e Giovanni Domenico Mosca Ambasciatori dall'anno 1600 al 1603. *I sommarij di dette lettere sono o in fronte o in dorso delle medesime.*
176	2.IX.3.5	**LETTERE DEGLI AGENTI E MINISTRI DI ROMA TO. V** (1620-1639)	v. leg. cart. cc. 109 (h 28x21) **visto del Card.Orsini 1710, ag. VIII v. 72**	v. XXXII	TOMO V Tomo di lettere 89 degli Agenti e Ministri di Roma cioè: Agenti: Lorenzo Ventimiglia, Traiano della Vipera, Giuseppe Carissimo, Geronimo Mascambruno. Ambasciatori: Vincenzo di Morra, Giovanni Camillo Maurone. Procuratore: Honorato Honorati. Pietro Paolo de Luca Cancelliere dall'anno 1620 al 1639. *I sommarij di dette lettere sono o in fronte o in dorso delle medesime.*
177	2.IX.3.6	**LETTERE DEGLI AGENTI E MINISTRI DI ROMA TO. VI** (1640-1649)	v. leg. cart. cc. 65 (h 28x22) **visto Card. Orsini 1710, ag. VIII v. 73**	v. XXXIII	TOMO VI di lettere 65 degli Agenti e Ministri di Roma, cioè: Geronimo Moscambruno, Alfonso di Blasio, Giuseppe Carissimo, Pietro della Vipera, Pompeo Ventimiglia. Agenti; Pietro Paolo De Luca Cancelliere dall'anno 1640 al 1648. *I sommarij di dette lettere sono o in fronte o in dorso delle medesime.*
178	2.IX.3.7	**LETTERE DELL'AGENTE TO. VII** (1650-1659)	v. leg. cart. cc. 95 (h 28x22) **visto del Card.Orsini 1710, ag. VIII v. 74**	v. XXXIV	TOMO VII di Lettere 88 degli Agenti e Ministri di Roma, cioè: Francesco Capasso, Giovanni Giordano Agenti: Francesco schinosi Inviato; Scipione Bilotta Pro Agente, Francesco Bardi Procuratore, Dall'anno 1650 al 1659. *I sommarij delle suddette Lettere sono o in fronte o in dorso delle medesime.*
179	2.IX.3.8	**LETTERE DELL'AGENTE TO. VIII** (1661-1663)	v. leg. cart. cc. 115 v. (h 28x20) **visto del Card.Orsini 1710, ag. VIII v. 75**	v. XXXV	TOMO VIII di Lettere 60 degli Agenti e Ministri di Roma, cioè: Michele Morra, Cesare Coscia dall'anno 1661 al 1663. *I sommarij delle suddette Lettere sono o in fronte o in dorso delle medesime.*

No	Nuova numerazione	Titolo	Caratteri estrinseci	Antica numerazione	Indice
180	2.IX.3.9	**LETTERE DELL'AGENTE TO. IX** (1664-1665)	v. leg. cart. cc. 75 (h 28x21) **visto del Card.Orsini 1710, ag. VIII v. 76**	v. XXXVI	TOMO IX di Lettere 75 degli Agenti e Ministri di Roma, cioè: Michele Morra, Cesare Coscia Giovanni Carlo Alfieri dall'anno 1664 al 1665. *I sommarij delle suddette Lettere sono o in fronte o in dorso delle medesime.*
181	2.IX.3.10	**LETTERE DELL'AGENTE TO. X** (1664-1665)	v. leg. cart. cc. 55v.) (h 29x21) **visto del Card.Orsini 1710, ag. VIII v. 77**	v. XXXVII	TOMO X di Lettere 54 degli Agenti e Ministri di Roma, cioè: Francesco Bardi Procuratore, Antonio Pinto dall'anno 1670 al 1674. *I sommarij delle suddette Lettere sono o in fronte o in dorso delle medesime*
182	2.IX.3.11	**LETTERE DELL'AGENTE TO. XI** (1715-1721)	v. leg. cart. con indice cc. 169 (h 28x22)	v. XXXVIII LXXVII A	LETTERE DEL SIG. AGENTE IN ROMA SCRITTE ALLA CITTÀ DAL 1715 AL 1721. Agente Nicolò de Simone.
183	2.IX.3.12	**LETTERE DELL'AGENTE TO. XII** (1722-1728)	v. leg. cart. con indice cc. 74 (h 28x22)	v. XXXIX LXXVII B	Agente Nicolò de Simone.
184	2.IX.3.13	**LETTERE DELL'AGENTE** (1739-1743)	v. leg. perg. con indice cc. 277 (h 29x21)	v. XXXX	§ I) LETTERE SCRITTE DAL SIG. AGENTE IN ROMA AL MAGISTRATO (1739-1743). § II) LETTERE DI MONSIGNOR TESORIERE DELLA CAMERA. (1742-1743).
185	2.IX.3.14	**LETTERE DELL'AGENTE** (1744-1748)	v. leg. perg. cc. 335 (h 29x21)	v. XXXXI	
186	2.IX.3.15	**LETTERE DELL'AGENTE** (1748-1752)	v. leg. perg. cc. 220 v. (h 29x21)	v. XXXXII	Agente Gennaro de Simone.
187	2.IX.3.16	**LETTERE DELL'AGENTE** (1739-1743)	v. leg. perg. con indice cc.277 (h 29x21)	v. XXXXIII	Agente Nicolò de Simone.
188	2.IX.3.17	**LETTERE DELL'AGENTE** (1739-1743)	v. leg. perg. cc. 128 (h 29x21)	v. 399 v. 44	
189	2.IX.3.18	**LETTERE DELL'AGENTE** (1762-1768)	v. leg. perg. con indice cc. 278 (h 29x21)	v. XXXXV	Agente Gennaro de Simone.
190	2.IX.3.19	**LETTERE DELL'AGENTE** (1774-1783)	v. leg. perg. cc. 128 (h 29x21)	v. XXXXVIII	Agente avv. Melchiorre Terragnoli.
191	2.IX.3.20	**LETTERE DELL'AGENTE** (1784-1789)	v. leg. perg. cc. 211 (h 29x21)	v. 401	Agente avv. Melchiorre Terragnoli.

No	Nuova numerazione	*Titolo*	Caratteri estrinseci	Antica numerazione	Indice
192	2.IX.3.21	**LETTERE DELL'AGENTE** (1789-1797)	v. leg. perg. cc. 71 (h 29x21)	v. XXXXVIII	Agente avv. Melchiorre Terragnoli.
193	2.IX.4.1	**LETTERE A' DEPUTATI** (1581-1634)	v. leg. cart. con indice cc. 16 (h 29x22) **visto del Card. Orsini 1710, apr. I v. 78**	v. CLV	§ I) LETTERE A SIGNORI DEPUTATI DE CONFINI: 1) Lettere di Cardinali (1581-1621). 2) Lettere di Monsignor Nunzio di Napoli (1606). 3) Lettere de Ministri della Città in Roma (1596-1605). 4) Lettere de Ministri della Città in Napoli (1605). § II) LETTERE ALL'ARCHIVISTI (1634).
194	2.IX.4.2	**LETTERE A' DEPUTATI DEI CONFINI** (1596-1607)	v. leg. cart. cc. 18 (h 29x21)	v. CLVI LXXVIIII A	
195	2.IX.5.1	**LETTERE DIVERSE TO. I** (1597-1637)	v. leg. perg. con indice cc. 115 (h 27x20) **visto Card.Orsini 1710, feb. VII v. 79**	v. (79)	Copia di lettere diverse scritte da Consoli dal mese di Marzo 1597 fino a Marzo 1637. Tomo I
196	2.IX.5.2	**REGISTRO DI LETTE-RE DIVERSE SCRITTE DA CONSOLI TO. II** (SETTEMBRE 1601 DICEMBRE 1604)	v. leg. perg. con indice cc. 267 v. (h 29x21) **visto del Card.Orsini 1710. feb. XI v. 80**	v. 105	
197	2.IX.5.3	**REGISTRO DI LETTE-RE DIVERSE SCRITTE DA CONSOLI TO. III** (GENNAIO 1605 MAGGIO 1607)	v. leg. perg. con indice cc. 130 v. (h 29x21) **visto del Card.Orsini 1710, apr. XIII v. 81**	v. 106	
198	2.IX.5.4	**REGISTRO DI LET-TERE SCRITTE DA CONSOLI TO. IV** (GENNAIO 1613 APR. 1615)	v. leg. perg. con indice cc. 91 v. (h 29x22) **visto del Card. Orsini 1710, feb. VI v. 82**	v. XXX	
199	2.IX.5.5	**REGISTRO DI COSE VARIE** (1588-1752)	v. leg. perg. con indice incompleto cc. 200v. (h 28x21)	v. LIII	

No	Nuova numerazione	Titolo	Caratteri estrinseci	Antica numerazione	Indice
200	2.X.1.1	**CIRCA LE FIERE** (1578-1678)	v. leg. perg con indice cc.112 (h 28x21) **visto del Card. Orsini 1710, mag. XV v. 83**	v. XV	§ I) CIRCA LE FIERE IN COMMUNE: 1) Memoriali al Governatore. 2) Atti Giudiziali (1578). § II) CIRCA LA FIERA DI S. BARTOLOMEO: 1) Atti giudiziali,e decreti della Curia Romana (1663-1710). 2) Atti, e decreti dè Deputati della Fiera circa le Botteghe (1664-1672). 3) Mandati intorno à giuochi (1600). § III) CIRCA LA FIERA DELLA NUNZIATA: 1) Controversie circa il giudicato della Fiera (1633). 2) Atti giudiziali fra Mercanti, ed il Mastro Mercato (1616). § IV) CIRCA LA FIERA DI S. ONOFRIO: 1) Capitoli per detta Fiera. § V) CIRCA LA FIERA DI S. FRANCESCO: 1) Controversie circa il luogo delle Botteghe (1616). 2) Atti fra il Mastro Mercato, e Mercanti forastieri (1667).
201	2.X.2.1	**CIRCA LA GABELLA DELLA CARNE, GABELLOTI E MACELLO tomo I** (1582-1674)	v. leg. cart. con indice cc. 123 **Visto del Card. Orsini 1710, mag. IX v. 84**	v. LXXXXVII	§ I) CIRCA LA GABELLA, E GABELLOTI: 1) Capitoli della Gabella (1627-1639). 2) Ordini fatti à Deputati, e Gabelloti (1645-1663). 3) Atti giudiziali per la città contro i Gabelloti (1592-1641). 4) Atti giudiziali per i Gabelloti, e deputati contro la Città (1582-1648). 5) Atti giudiziali per Gabelloti contro persone particolari (1608-1657). § II) CIRCA IL MACELLO: 1) Allegazioni per la Città contro il Clero nella lite circa il Macello. 2) Allegazioni per il Clero contro la città. 3) Decreti et ordini delle Sagre Congregazioni (1662-1674).

No	Nuova numerazione	*Titolo*	Caratteri estrinseci	Antica numerazione	**Indice**
202	2.X.2.2	**CIRCA LE GABELLE tomo II (1594-1668)**	v. leg. cart. con indice cc. 106 v. (h 29x21) **visto del Card. Orsini 1710, apr. XII v. 85**	v. LXXXXVIII	§ I) CIRCA LA GABELLA E GABELLOTI DELLA CARTA: 1) Chirografi Pontificij (1667). 2) Bandi (1667). 3) Atti giudiziali (1668). § II) CIRCA L'APPALTO DEL PANE: 1) Memoriali e Scritture intorno all'erezione di detto Appalto per la Reverenda Camera (1622). 2) Soppressione di detto Appalto (1622). 3) Bandi (1663). § III) CIRCA L'APPALTO DEL PANE E FOGLIE: 1) Capitoli e dichiarazioni di essi (1639-1651). 2) Atti giudiziali (1594). § IV) CIRCA L'APPALTO DEL TABACCO: 1) Bandi (1661). 2) Capitoli (1661). 3) Atti giudiziali (1665). § V) CIRCA LA TERZIARIA DEL VINO: 1) Capitoli. 2) Atti Giudiziali (1595-1668).
203	2.X.3.1	**VENDITA DI VARI UFFIZI TO. I (1592-1664)**	v. leg. cart. con indice cc. 144 (h 29x22) **visto del Card. Orsini 1710, ag. VIII v. 86**	v. CLXXXXI	§ I) ACCENSIONES CANDELAE, ET VENDITIONES OFFICIJ: Actuariatus Civilis (1592-1664). § II) ACCENSIONES CANDELAE, ET VENDITIONES OFFICIJ: Actuariatus Criminalis (1592-1663).
204	2.X.3.2	**VENDITA DI VARI UFFIZI tomo II (1590-1665)**	v. leg. cart. con indice cc. 98 (h 29x22) **visto del Card. Orsini 1710, ag. VIII v. 87**	v. LXXXXIX	§ I) ACCENSIONES CANDELAE, ET VENDITIONES OFFICIJ: Archivistae (1606-1664). § II) ACCENSIONES CANDELAE, ET VENDITIONES OFFICIJ: Archivistae (1590-1665). § III) ACCENSIONES CANDELAE, ET VENDITIONES OFFICIJ: Damnorum Datorum (1595-1653). § IV) ACCENSIONES CANDELAE, ET VENDITIONES OFFICIJ: Portulaniae (1598-1649).
205	2.X.3.3	**VENDITA DI VARI UFFIZI tomo III (1587-1665)**	v. leg. cart. con indice cc. 103 (h 28x22) **visto del Card. Orsini 1710, ag. VIII v. 88**	v. CLXXXXII	§ I) ACCENSIONES CANDELAE, ET VENDITIONES OFFICIJ: Mastro Mercato, seu Praefecti Nundinarum S.Bartholoei (1587-1659). § II) ACCENSIONES CANDELAE, ET VEN-

No	Nuova numerazione	*Titolo*	Caratteri estrinseci	Antica numerazione	Indice
					DITIONES OFFICIJ: SS. Annunciationis (1590-1665). ???? § III) ACCENSIONES CANDELAE, ET VENDITIONES OFFICIJ: Mastro Mercato, seu Praefecti Nundinarum S.Honophrij (1591-1654). § IV) ACCENSIONES CANDELAE, ET VENDITIONES OFFICIJ: Mastro Mercato, seu Praefecti Nundinarum S. Francisci (1591-1625).
206	2.X.4.1	**VENDITA DI VARI APPALTI** **tomo I** **(1590-1665)**	v. leg. cart. con indice cc. 166 (h 29x21) **visto del Card. Orsini 1710, ag. VII v. 89**	v. C	§ I) ACCENSIONES CANDELAE ET VENDITIONES APPALTUS PANIS ET OLEARUM (1591-1665). § II) ACCENSIONES CANDELAE ET VENDITIONES APPALTUS TERTIARIAE VINI (1590-1654). § III) ACCENSIONES CANDELAE ET VENDITIONES APPALTUS GABELLAE CARNIS (1595-1665). § IV) ACCENSIONES CANDELAE ET VENDITIONES APPALTUS PORCORUM (1665). § V) ACCENSIONES CANDELAE ET VENDITIONES APPALTUS SEVI (1649). § VI) ACCENSIONES CANDELAE ET VENDITIONES APPALTUS PELLIUM (1649). *Appendice alla sez. I, II, III.*
207	2.X.4.2	**VENDITA DI VARI APPALTI** **tomo II)** **(1590-1665)**	v. leg. cart. con indice cc. 98 (h 29x21) **visto del Card. Orsini 1710, ag. VIII v. 90**	v. CI	§ I) ACCENSIONES CANDELAE ET VENDITIONES APPALTUS BANCHAE PISCIUM (1616-1621). § II) ACCENSIONES CANDELAE ET VENDITIONES APPALTUS BANCHARUM FRUCTUUM (1590-1654). § III) VENDITIONES APPALTUS SEU JURIS PROHIBENDI SALIS (1663-1664). § IV) VENDITIONES APPALTUS BANCHARUM OLEI, ET SALIS (1596). § V) ACCENSIONES CANDELAE ET VENDITIONES APPALTUS NIVIS (1619-1657). § VI) VENDITIONES APPALTUS JURIS PROHIBENDI TABACCI (1661-1665). § VII) VENDITIONES APPALTUS DEPOSITARIJ PIGNORUM (1603-1620). § VIII) VENDITIONES APPALTUS SPICHARUM (1593-1634). § IX) ACCENSIONES CANDELAE ET VENDITIONES APPALTUS PRO CONSERVANDIS ET REFICIENDIS VIJS CIVITATIS (1598-1639).

No	Nuova numerazione	Titolo	Caratteri estrinseci	Antica numerazione	Indice
					§ X) ACCENSIONES CANDELAE ET VENDITIONES APPALTUS PRO CONSTRUCTIONE, ET REFECTIONE PONTORUM (1639-1665). § XI) VENDITIONES APPALTUS CRETARUM IN TERRITORIS CIVITATIS (1601).
208	2.X.5.1	**VENDITA DI VARI UFFIZI E APPALTI** tomo I **(1591-1629)**	v. leg. cart. con indice cc. 53 (h 28x21) **visto del Card. Orsini 1710, ag. V v. 91**	v. CII	ACCENSIONES CANDELAE, ET VENDITIONES NONULLORUM APPALTUORUM ET OFFICIORUM CONIUNCTIM (1591-1629).
209	2.X.5.2	**VENDITA DI VARI UFFIZI E APPALTI** tomo II **(1630-1629)**	v. leg. cart. con indice cc 76 v. (h 28x21) **visto del Card. Orsini 1710, apr. XI v. 92**	v. CIII	ACCENSIONES CANDELAE, ET VENDITIONES NONULLORUM APPALTUORUM ET OFFICIORUM CONIUNCTIM (1630-1645).
210	2.X.5.3	**VENDITA DI VARI UFFIZI E APPALTI** tomo III **(1646-1659)**	v. leg. cart. con indice cc 103 v. (h 28x21) **visto del Card. Orsini 1710, feb. IX v. 93**	v. CLXXXXIII	ACCENSIONES CANDELAE, ET VENDITIONES NONULLORUM APPALTUORUM ET OFFICIORUM CONIUNCTIM (1646-1659).
211	2.X.5.4	**VENDITA DI VARI UFFIZI E APPALTI** tomo IV **(1660-1669)**	v. leg. cart. con indice cc 118. (h 28x21) **visto del Card. Orsini 1710, marz. XIII v. 94**	v. CLXX(XIV) V.119 V.194	ACCENSIONES CANDELAE, ET VENDITIONES NONULLORUM APPALTUORUM ET OFFICIORUM CONIUNCTIM (1660-1669).
212	2.X.5.5	**EST. OFFERTA DEI DAZI** **(1731-1732)**	v. leg. perg. cc. 22 (h 29x20)	v. CVI	INT ATTI VARI. CC.21-23: COMPRA DAL PRINCIPE MORRA PER COSTRUIRE CHIESA S.BARTOLOMEO.
213	2.X.6.1	**DEFALCHI DI VARI APPALTI** **(1689-1702)**	v. leg. cart. con indice cc. 118 (h 28x21) **visto del Card. Orsini 1710, marz. XIII v. 94**	v. CIV	§ I) DEFALCHI PER CAUSA DEL TREMUOTO DELL'ANNO (1688-1689). § II) DEFALCHI PER CAUSA DELL'IMPEDIMENTO DEL COMMERCIO NELL'ANNO 1691 E PER IL CONTAGIO DELLA TERRA DI BARI (1691-1692). § III) DEFALCHI PER CAUSA DEL TREMUOTO DELL'ANNO 1702.
214	2.X.7.1	**MANDATI DI PAGAMENTO** **(1588-1672)**	v. leg. cart. con indice cc.75 (h28x21) **visto del Card. Orsini 1710, feb. XVII v. 96**	T. 9	Mandati a' tesorieri per pagamento di canoni: TO. I § I) ALLA SS:ANNUNZIATA (1588-1671). § II) ALL'ARCIVESCOVO, E SUA MENSA PER LA TAVERNA, E PASSO DELL'ACQUA (1631-1678). § III) AL CAPITOLO PER IL LARGO DI PORTA RUFINA (1631-1672).

No	Nuova numerazione	*Titolo*	Caratteri estrinseci	Antica numerazione	Indice
					§ IV) AL CAPITOLO PER LA CASA ALLA PORTA DI CALORE (1588-1664).
					§ V) AL COLLEGIO DI S. BARTOLOMEO (1631-1671).
					§ VI) AL DETTO COLLEGIO PER LO LARGO (1633-1636).
					§ VII) ALLA COMMENDA DI S. GIOVANNI (1588-1672).
					§ VIII) AL SS. MO PER LA CAPPELLA DELLA PACE (1635-1672).
215	2.X.7.2	**MANDATI DI PAGAMENTO** **(1630-1672)**	v. leg. cart. con indice cc. 143 (h 28x21) **visto del Card. Orsini 1710, feb. XIV v. 97**	T. 10	Mandati a' tesorieri per pagamento di canoni e censi TO. II § I) A' DOGANIERI PER LO CATAPANATO (1630-1672). § II) A PADRI FRANCESCANI PER LO PIANO (1630-1672). § III) ALLA FAMIGLIA GRIMALDO (1635-1671). § IV) ALLA FAMIGLIA JAMEO (1661-1671). § V) A' MANSIONARII PER LA CASA À CALORE (1631-1671). § VI) AL MONASTERO DI S. CATERINA (1631-1671). § VII) ALLA FAMIGLIA MASCAMBRUNO (1631-1638). § VIII) AL VICARIO TEMPORALE PER LA CASA (1632-1672).
216	2.X.7.3	**MANDATI DI PAGAMENTO** **(1631-1634)**	v. leg. cart. con indice cc. 128 (h 28x21) **visto del Card. Orsini 1710, mag. XII v. 98**	T. 11	Mandati a' tesorieri per pagamrnto di censi costitutivi: TO. III § I) ALLA SS.MA ANNUNZIATA (1634-1672). § II) ALLI ANNUBBA (1662-1672). § III) ALLI BACCELLI (1627-1631).
217	2.X.7.4	**MANDATI DI PAGAMENTO** **(1630-1672)**	v. leg. cart. con indice cc. 146 (h 28x21) **visto del Card. Orsini 1710, feb. XVII v. 99**	T. 12	Mandati a' tesorieri per pagamento di censi costitutivi: TO. IV § I) ALLA FAMIGLIA CARDONE (1630-1672). § II) ALLA FAMIGLIA CASSANDRA (1630-1672). § III) AD ANTONIO CASSELLA (1669-1671). § IV) A MATTEO CASERTA E GIUSEPPE COLLE (1631-1667).

No	Nuova numerazione	Titolo	Caratteri estrinseci	Antica numerazione	Indice
218	2.X.7.5	**MANDATI DI PAGAMENTO** **(1631-1672)**	v. leg. cart. con indice cc. 105 (h 28x21) **visto del Card. Orsini 1710, feb. 18 v. 100**	T. 13	Mandati per pagamento di censi costitutivi: TO. V § I) A' PP.DOMENICANI (1662-1665). § II) A' MONTISTI (1637-1672). § III) ALLI PENNELLA (1662-1663). § IV) ALLI PENNELLA (1660-1672). § V) A' VINCENZO ZAMPARELLO (1631-1632).
219	2.X.7.6	**MANDATI DI PAGAMENTO** **(1662-1667)**	v. leg. cart. con indice cc. 74 (h 28x21) **visto del Card. Orsini 1710, feb. XVII v. 101**	T. 14	Mandati di pagamento di cere: TO. VI § I) PER GLI SS. PROTETTORI (1645-1672). § II) PER LA PROCESSIONE DEL SS.MO (1588-1672). § III) PER FUNZIONI E PERSONE DIVERSE (1588-1667).
220	2.X.7.7	**MANDATI DI PAGAMENTO** **(1631-1672)**	v. leg. cart. con indice cc 107 (h 28x21) **visto del Card. Orsini 1710, mar. XX v. 102**	T. 15	Mandati a' tesorieri per pagamento di limosine: TO. VII § I) ALLA CHIESA DELL'ANNUNZIATA (1589-1671). § II) A' PP. CAPPUCCINI (1588-1672). § III) A 'PREDICATORI QUARESIMALI DEL DUOMO (1588-1672). § IV) A' PREDICATORI DELLA NUNZIATA (1631-1638). § V) AL CONVENTO DI S. LORENZO (1588-1672).
221	2.X.7.8	**MANDATI DI PAGAMENTO** **(1632-1671)**	v. leg. cart. con indice cc. 253 (h 28x21) **visto del Card. Orsini 1710, mar. II v. 103**	T. 16	Mandati a' tesorieri per pagamento di provisione: TO. VIII § I) ALL'AGENTE DI ROMA (1632-1688). § II) ALL'AVVOCATO DELLA CITTÀ (1533-1646). § III) ALL'APPALTATORE DEL PANE E FOGLIE (1589-1672). § IV) AL CANCELLIERE DELLA CITTÀ (1532-1672). § V) AL CANCELLIERE DÈ CONFINI (1630-1646). § VI) AL COMPUTISTA (1631-1672). § VII) AL CORRIERE DI ROMA (1632-1671).
222	2.X.7.9	**MANDATI DI PAGAMENTO** **(1630-1668)**	v. leg. cart. con indice cc. 211 (h 28x21) **visto del Card.Orsini 1710, mag. V, v. 104**	T. 17	Mandati a' tesorieri per pagamento di provisione: TO. IX § I) A' PP. GESUITI (1630-1671).

No	Nuova numerazione	*Titolo*	Caratteri estrinseci	Antica numerazione	Indice
					§ II) AL GIUDICE DÈ CATAPANI (1588-1646).
					§ III) AL GIUDICE DÈ DANNI DATI (1589-1638).
					§ IV) AL GIUDICE PEDANEO (1632-1646).
					§ V) AL GIUDICE DÈ PORTOLANI (1631-1646).
					§ VI) A' GIURATI (1532-1672).
223	2.X.7.10	**MANDATI DI PAGAMENTO** (1630-1672)	v. leg. cart. con indice cc. 71 (h 28x21) **visto del Card. Orsini 1710, feb. XVI v. 105**	T. 18	Mandati a' tesorieri per pagamento di provisione: TO. X § I) AL MODERATORE DELL'OROLOGIO (1588-1672).
224	2.X.7.11	**MANDATI DI PAGAMENTO** (1631-1646)	v. leg. cart. con indice cc. 71 (h 28x21) **visto del Card. Orsini 1710, feb. XVI v. 106**	T. 19	Mandati a' tesorieri per pagamento di provisione: TO. XI § I) AL PROCURATORE DELLA CITTÀ (1631-1672). § II) PER PAGLIA E ACQUA AL GOVERNATORE (1589-1672). § III) AL SINDICO (1532-1646)
225	2.X.7.12	**MANDATI DI PAGAMENTO** (1661-1672)	v. leg. cart. con indice cc. 250 (h 28x21) **visto del Card. Orsini 1710, ag. VI v. 107**	T. 20	Mandati a' tesorieri per pagamento di provisione: TO. XII § I) AL TESORIERE (1661-1671). § II) A' TESORIERE PER IL CAMBIO DELLA MONETA (1600-1672). § III) AL CONVENTO DI S. FRANCESCO PER LO TOCCO DELLA CAMPANA (1630-1672). § IV) AL TROMBETTA (1588-1672).
226	2.X.7.13	**MANDATI DI PAGAMENTO** (1666-1672)	v. leg. cart con indice cc.143 (h 29x21) **visto del Card. Orsini 1710, ag.VII v. 108**	T. 21	Mandati a' tesorieri per pagamento a soldati a' cavallo: TO. XIII § I) A' SBIRRI E SOLDATI A CAVALLO PER GUARDIA DELLA CITTÀ E UTENSILI (1666-1672).
227	2.X.7.14	**MANDATI DI PAGAMENTO** (1660-1672)	v. leg. cart. con indice cc. 220 (h 28x21) **visto del Card. Orsini 1710, giug. VI v. 109**	T. 22	Mandati a' tesorieri per pagamento di soldati corsi e ascolani: TO. XIV § I) A' SOLDATI CORSI PER LORO PAGHE, UTENSILI, MARCE (1660-1663). § II) A' SOLDATI ASCOLANI PER LORO PAGHE, UTENSILI, AFFITTI (1667-1672).

No	Nuova numerazione	*Titolo*	Caratteri estrinseci	Antica numerazione	Indice
228	2.X.7.15	**MANDATI DI PAGAMENTO** **(1588-1671)**	v. leg. cart. con indice cc. 133v. (h 28x21) **visto del Card. Orsini 1710, giug. XII v. 110**	T. 23	Mandati a' tesorieri per spese straordinarie: TO. XV § I) PER LO PALAZZO APOSTOLICO, PER LO PALAZZO DELLA CITTÀ (1588-1671)
229	2.X.7.16	**MANDATI DI PAGAMENTO** **(1533-1672)**	v. leg. cart con indice cc. 90v. (h 28x21) **visto del Card. Orsini 1710, mag. XXIV v. 111**	T. 24	Mandati a' tesorieri per spese straordinarie: TO. XVI § I) PER RISARCIMENTO DE' PONTI (1533-1672).
230	2.X.7.17	**MANDATI DI PAGAMENTO** **(1534-1666)**	v. leg. cart. con indice cc. 128 (h 28x21) **visto del Card. Orsini 1710, giug. VI v. 112**	T. 25	Mandati a' tesorieri per spese straordinarie: TO. XVII § I) PER OROLOGI, E CAMPANE (1534-1671). § II) PER LE PORTE DELLA CITTÀ (1532-1667). § III) PER GLI POZZI (1631-1670). § IV) PER LE STRADE (1533-1666).
231	2.X.7.18	**MANDATI DI PAGAMENTO** **(1532-1589)**	v. leg. cart. con indice cc. 147 v. (h 32x23) **visto del Card. Orsini 1710, giug. XXIII v. 113**	T. 26	Mandati a' tesorieri per spese straordinarie: TO. XVIII
232	2.X.7.19	**MANDATI DI PAGAMENTO** **(1630-1658)**	v. leg. cart. con indice cc.176 (h 28x21) **visto Card. Orsini 1710, giug. XVII v. 114**	T. 27	Mandati a' tesorieri per spese straordinarie: TO. XIX
233	2.X.7.20	**MANDATI DI PAGAMENTO** **(1645-1672)**	v. leg. cart. con indice cc. 172 (h 29x22) **visto Card. Orsini 1710, giug. V v. 115**	T. 28	Mandati a' tesorieri per spese straordinarie: TO. XX
234	2.X.7.21	**MANDATI DI PAGAMENTO** **(1701-1703)**	v. leg. cart. con indice cc. 99 (h 30x21)	T. 29	Mandati a' tesorieri per spese straordinarie: TO. XXI
235	2.X.7.22	**MANDATI DI PAGAMENTO** **(1703 1704)**	v. leg. cart. con indice cc. 191 (h 29x21)	T. 30	Mandati a' tesorieri per pagamento TO. XXII § I) À SOLDATI ASCOLANI in conto del debito della Camera Apostolica (1703-1704). § II) PER CENSI ENFITEOTICI. § III) PER CENSI COSTITUTIVI (1703-1704). § IV) À PROVIGIONATI.

No	Nuova numerazione	*Titolo*	Caratteri estrinseci	Antica numerazione	Indice
					§ V) PER SPESE STRAORDINARIE (1703-1704). Tesoriere: Francesco Riccio
236	2.X.7.23	**MANDATI DI PAGAMENTO (1704-1705)**	v. leg. cart. con indice cc. 194 (h 29x21)	T. 31	Mandati di pagamento fatti dalla comunità TO. XXIII § I) A' SOLDATI ASCOLANI in conto del debito della Camera Apostolica (1704-1705). § II) PER CENSI ENFITEOTICI (1704-1705). § III) PER CENSI COSTITUTIVI (1704-1705). § IV) A' PROVIGIONATI (1704-1705). § V) PER SPESE STRAORDINARIE (1704-1705). Tesoriere: Francesco Riccio
237	2.X.7.24	**MANDATI DI PAGAMENTO (1705-1706)**	v. leg. cart. con indice cc. 176 (h 29x21)	T. 32	Mandati di pagamento fatti dalla comunità TO. XXIV § I) A' SOLDATI ASCOLANI in conto del debito della Camera Apostolica (1705-1706). § II) PER CENSI ENFITEOTICI (1705-1706). § III) PER CENSI COSTITUTIVI (1705-1706). § IV) A' PROVIGIONATI (1705-1706). § V) PER SPESE STRAORDINARIE (1705-1706). Tesoriere: Francesco Riccio
238	2.X.7.25	**MANDATI DI PAGAMENTO (1706-1707)**	v. leg. cart. con indice cc. 193 (h 29x21)	T. 33	Mandati di pagamento fatti dalla comunità TO. XXV § I) A' SOLDATI ASCOLANI in conto del debito della Camera Apostolica (1706-1707). § II) PER CENSI ENFITEOTICI (1706-1707). § III) PER CENSI COSTITUTIVI (1706-1707). § IV) À PROVIGIONATI (1706-1707). § V) PER SPESE STRAORDINARIE (1706-1707). Tesoriere: Francesco Riccio
239	2.X.7.26	**MANDATI DI PAGAMENTO (1707-1708)**	v. leg. cart. con indice cc. 173 (h 29 X 21)	T. 34	Mandati di pagamento fatti dalli 8 settembre 1707 a' tutto li 8 settembre 1708: § I) A' SOLDATI ASCOLANI in conto del debito della Camera Apostolica (1707-1708). § II) PER CENSI ENFITEOTICI (1707-1708). § III) PER CENSI COSTITUTIVI (1707-1708). § IV) A' PROVIGIONATI (1707-1708). § V) PER SPESE STRAORDINARIE (1707-1708). Tesoriere: Francesco Riccio
240	2.X.7.27	**MANDATI DI PAGAMENTO (1708-1709)**	v. leg. cart. con indice cc. 149 (h 29x21)	T. 35	Mandati di pagamento fatti dalli 8 settembre 1708 a' tutto li 8 settembre 1709: § I) A' SOLDATI ASCOLANI in conto del debito della Camera Apostolica (1708-1709).

No	Nuova numerazione	*Titolo*	Caratteri estrinseci	Antica numerazione	**Indice**
					§ II) PER CENSI ENFITEOTICI (1708-1709).
					§ III) PER CENSI COSTITUTIVI (1708-1709).
					§ IV) À PROVIGIONATI (1708-1709).
					§ V) PER SPESE STRAORDINARIE (1708-1709).
					Tesoriere: Francesco Riccio
241	2.X.7.28	**MANDATI DI PAGAMENTO (1709-1710)**	v. leg. cart. con indice cc. 122 (h 29x21)	T. 36	Mandati di pagamento fatti dalli 8 settembre 1709 a' tutto li 8 settembre 1710: § I) A' SOLDATI ASCOLANI in conto del debito della Camera Apostolica (1709-1710). § II) PER CENSI ENFITEOTICI (1709-1710). § III) PER CENSI COSTITUTIVI (1709-1710). § IV) À PROVIGIONATI (1709-1710). § V) PER SPESE STRAORDINARIE (1709-1710). Tesoriere: Francesco Riccio
242	2.X.7.29	**MANDATI DI PAGAMENTO (1710-1711)**	v. leg. cart. con indice cc. 129 (h 29x21)	T. 37	Mandati di pagamento fatti dalli 8 settembre 1710 a' tutto li 8 settembre 1711: § I) A' SOLDATI ASCOLANI in conto del debito della Camera Apostolica (1710-1711). § II) PER CENSI ENFITEOTICI (1710-1711) § III) PER CENSI COSTITUTIVI (1710-1711) § IV) À PROVIGIONATI (1710-1711) § V) PER SPESE STRAORDINARIE (1710-1711). Tesoriere: Francesco Riccio
243	2.X.7.30	**MANDATI DI PAGAMENTO (1711-1712)**	v. leg. cart con indice cc. 129 (h 29x21)	T. 38	Mandati di pagamento fatti dalli 8 settembre 1711 a' tutto li 8 settembre 1712: § I) A' SOLDATI ASCOLANI in conto del debito della Camera Apostolica. § II) PER CENSI ENFITEOTICI. § III) À PROVISIONATI. § IV) PER SPESE STRAORDINARIE. Tesoriere: Francesco Riccio
244	2.X.7.31	**MANDATI DI PAGAMENTO (1712-1713)**	v. leg. cart. con indice cc. 128 (h 29x21)	T. 39	Mandati di pagamento fatti dalli 8 settembre 1712 a' tutto li 8 settembre 1713: § I) A' SOLDATI ASCOLANI in conto del debito della Camera Apostolica. § II) PER CENSI ENFITEOTICI. § III) À PROVISIONATI. § IV) PER SPESE STRAORDINARIE. Tesoriere: Onofrio Parziale
245	2.X.7.32	**MANDATI DI PAGAMENTO (1713-1714)**	v. leg. cart. con indice cc.147 (h 29x21)	T. 40	Mandati di pagamento fatti dalla comunità dalli 8 settembre 1713 a' tutto li 8 settembre 1714: § I) A' SOLDATI ASCOLANI in conto del debito della Camera Apostolica. § II) PER CENSI ENFITEOTICI.

No	Nuova numerazione	Titolo	Caratteri estrinseci	Antica numerazione	Indice
					§ III) A' PROVISIONATI. § IV) PER SPESE STRAORDINARIE. Tesoriere: Mercurio Tomaselli
246	2.X.7.33	**MANDATI DI PAGAMENTO** (1714-1715)	v. leg. cart. con indice cc. 133 (h 29x21)	T. 41	Mandati di pagamento fatti dalla comunità dalli 8 settembre 1714 a' tutto li 8 settembre 1715: § I) A' SOLDATI ASCOLANI in conto del debito della Camera Apostolica. § II) PER CENSI ENFITEOTICI. § III) A' PROVISIONATI. § IV) PER SPESE STRAORDINARIE. Tesoriere: Francesco Pedini.
247	2.X.7.34	**MANDATI DI PAGAMENTO** (1715-1716)	v. leg. cart. con indice cc. 130 (h 29x21)	T. 42	Mandati di pagamento fatti dalla comunità dalli 8 settembre 1715 a' tutto li 8 settembre 1716: § I) A' SOLDATI ASCOLANI in conto del debito della Camera Apostolica. § II) PER CENSI ENFITEOTICI. § III) A' PROVISIONATI. § IV) PER SPESE STRAORDINARIE. Tesoriere: Filippo Rispoli
248	2.X.7.35	**MANDATI DI PAGAMENTO** (1716-1717)	v. leg. cart. con indice cc. 118 (h 29x21)	T. 43	Mandati di pagamento fatti dalla comunità dalli 8 settembre 1716 a' tutto li 8 settembre 1717: § I) À SOLDATI ASCOLANI in conto del debito della Camera Apostolica. § II) AL MONTE COMMUNITÀ TERZA EREZIONE. § III) AL TESORIERE PER ANDARE IN NAPOLI PER RIMETTERE IL DENARO IN ROMA. § IV) PER CENSI ENFITEOTICI. § V) A' PROVISIONATI. § VI) PER SPESE STRAORDINARIE. Tesoriere: Bartolomeo de Leone
249	2.X.7.36	**MANDATI DI PAGAMENTO** (1717-1718)	v. leg. cart. con indice cc. 124 (h 29x21)	T. 44	Mandati di pagamento fatti dalla comunità dalli 8 settembre 1717 a' tutto li 8 settembre 1718: § I) A' SOLDATI CORSI. § II) PER CENSI ENFITEOTICI. § III) A' PROVISIONATI. § IV) PER SPESE STRAORDINARIE. Tesoriere: Bartolomeo de Leone.
250	2.X.7.37	**MANDATI DI PAGAMENTO** (1718-1719)	v. leg. cart. con indice cc. 137 (h 29x21)	T. 45	Mandati di pagamento fatti dalla comunità dalli 8 settembre 1718 a' tutto li 8 settembre 1719:

No	Nuova numerazione	Titolo	Caratteri estrinseci	Antica numerazione	Indice
					§ I) AL TESORIERE PER LE RIMESSE IN ROMA. § II) A' SOLDATI CORSI. § III) PER CENSI ENFITEOTICI. § III) PER CENSI COSTITUTIVI. § IV) À PROVISIONATI. § V) PER SPESE STRAORDINARIE. Tesoriere: Mercurio Tomaselli.
251	2.X.7.38	**MANDATI DI PAGAMENTO** (1719-1720)	v. leg. cart. con indice cc.135 (h 29x21)	T. 46	Mandati di pagamento fatti dalla comunità dalli 8 settembre 1719 a' tutto li 8 settembre 1720: § I) ORDINI AL TESORIERE DI RIMETTERE IN ROMA, E MANDATI DI SPESE PER LO TRASPORTO DI DANARO IN NAPOLI. § II) A' SOLDATI CORSI. § III) PER CENSI ENFITEOTICI. § IV) A' PROVISIONATI. § V) PER SPESE STRAORDINARIE. Tesoriere: Francesco Rispoli.
252	2.X.7.39	**MANDATI DI PAGAMENTO** (1720-1721)	v. leg. cart. con indice cc. 125 (h 29x21)	T. 47	Mandati di pagamento fatti dalla comunità dalli 8 settembre 1720 a' tutto li 8 settembre 1721: § I) ORDINI AL TESORIERE DI RIMETTERE IN ROMA, E MANDATI DI SPESE PER LO TRASPORTO DI DANARO IN NAPOLI. § II) A' SOLDATI CORSI. § III) PER CENSI ENFITEOTICI. § IV) A' PROVISIONATI. § V) PER SPESE STRAORDINARIE. Tesoriere: Niccolò Zainella
253	2.X.7.40	**MANDATI DI PAGAMENTO** (1721-1722)	v. leg. cart. con indice cc. 149 (h 29x21)	T. 48	Mandati di pagamento fatti dalla comunità dalli 8 settembre 1721 a' tutto li 8 settembre 1722: § I) ORDINI AL TESORIERE DI RIMETTERE IN ROMA, E MANDATI DI SPESE PER LO TRASPORTO DI DANARO IN NAPOLI. § II) A' SOLDATI CORSI. § III) PER CENSI ENFITEOTICI. § IV) A' PROVISIONATI. § V) PER SPESE STRAORDINARIE. Tesoriere: Cesare Colle

No	Nuova numerazione	Titolo	Caratteri estrinseci	Antica numerazione	Indice
254	2.X.7.41	**MANDATI DI PAGAMENTO** (1722-1723)	v. leg. cart. con indice cc. 123 (h 29x21)	T. 49	Mandati di pagamento fatti dalla comunità dalli 8 settembre 1722 a' tutto li 8 settembre 1723: § I) ORDINI AL TESORIERE DI RIMETTERE IN ROMA, E MANDATI DI SPESE PER LO TRASPORTO DI DANARO IN NAPOLI.PE L SUDDETTO DANARO. § II) A' SOLDATI CORSI. § III) PER CENSI ENFITEOTICI. § IV) A' PROVISIONATI. § V) PER SPESE STRAORDINARIE. Tesoriere: Carlo Baldini
255	2.X.7.42	**MANDATI DI PAGAMENTO** (1723-1724)	v. leg. cart con indice cc. 132 (h 29x21)	T. 50	Mandati di pagamento fatti dalla comunità dalli 8 settembre 1723 a' tutto li 8 settembre 1724: § I) ORDINI AL TESORIERE DI RIMETTERE IN ROMA, E MANDATI DI SPESE PER LO TRASPORTO DI DANARO IN NAPOLI. § II) A' SOLDATI CORSI. § III) PER CENSI ENFITEOTICI. § IV) A' PROVISIONATI. § V) PER SPESE STRAORDINARIE. Tesoriere: Domenico Scalese
256	2.X.7.43	**MANDATI DI PAGAMENTO** (1724-1725)	v. leg. cart. con indice cc. 145 (h 29x21)	T. 51	Mandati di pagamento fatti dalla comunità dalli 8 settembre 1724 a' tutto li 8 settembre 1725: § I) ORDINI AL TESORIERE DI RIMETTERE IN ROMA, E MANDATI DI SPESE PER LO TRASPORTO DI DANARO IN NAPOLI. § II) A' SOLDATI CORSI. § III) PER CENSI ENFITEOTICI. § IV) A' PROVISIONATI. § V) PER SPESE STRAORDINARIE. Tesoriere: Giuseppe Buonopane
257	2.X.7.44	**MANDATI DI PAGAMENTO** (1725-1726)	v. leg. cart. con indice cc. 135 (h 29x21)	T. 52	Mandati di pagamento fatti dalla comunità dalli 8 settembre 1725 a' tutto li 8 settembre 1726: § I) ORDINI AL TESORIERE DI RIMETTERE IN ROMA, E MANDATI DI SPESE PER LO TRASPORTO DI DANARO IN NAPOLI. § II) A' SOLDATI CORSI. § III) PER CENSI ENFITEOTICI. § IV) A' PROVISIONATI. § V) PER SPESE STRAORDINARIE. Tesoriere: Geronimo Fiorenza

No	Nuova numerazione	*Titolo*	Caratteri estrinseci	Antica numerazione	Indice
258	2.X.7.45	**MANDATI DI PAGAMENTO** (1726-1727)	v. leg. perg con indice cc. 174 (h 29x21)	T. 53	Mandati di pagamento fatti dalla comunità dalli 8 settembre 1726 a' tutto li 8 settembre 1727: § I) PAGAMENTI FATTI IN ROMA. § II) PAGAMENTI FATTI A TESORIERI PASSATI. § III) À SOLDATI CORSI. § IV) PER CENSI ENFITEOTICI. § V) PROVISIONATI. § VI) PER SPESE STRAORDINARIE. Tesoriere: Angiolo Scalese
259	2.X.7.46	**MANDATI DI PAGAMENTO** (1727-1728)	v. leg. perg. con indice cc. 173 (h 29x21)	T. 54 v. 172	Mandati de' pagamento fatti da' tesorieri della città dalli 8 settembre 1727 alli 8 settembre 1728: § I) PAGAMENTI IN ROMA. § II) À SOLDATI CORSI. § III) PER CENSI. § IV) À PROVISIONATI. § V) PER SPESE STRAORDINARIE. § VI) PER SPESE STRAORDINARIE CON LICENZA. Tesoriere: Angiolo Scalese
260	2.X.7.47	**MANDATI DI PAGAMENTO** (1728-1729)	v. leg. perg cc. 170 (h 29x21)	T. 55	Tesoriere: Domenico Scalese
261	2.X.7.48	**MANDATI DI PAGAMENTO** (1729-1730)	v. leg. perg. cc. 167 (h 29x21)	T. 56	Tesoriere: Giovanni Vecchione
262	2.X.7.49	**MANDATI DI PAGAMENTO** (1730-1731)	v. leg. perg. cc. 184 (h 29x21)	T. 57	Tesoriere: Luca Marzullo
263	2.X.7.50	**MANDATI DI PAGAMENTO** (1731-1732)	v. leg. perg. con indice cc. 169 (h 29x21)	T. 58	§ I) MANDATI ORDINARI: 1) Circa i Provisionati. 2) Circa l'elemosine à Padri Mendicanti, e SS.ma Annunziata. 3) Circa i Censi Passivi. 4) Circa le spese diverse per le giubbe de Servidori della città, per torce ad uso, e servizio del Magistrato, per lo spurgo de pozzi, per le carrozze à servizio del Magistrato per servizio dè Soldati Corsi, per paglia servita al Governatore, per rimesse fatte dal Tes. e spese a tal effetto. § II) MANDATI STRAORDINARI: 1) Circa le spese diverse. 2) Circa i Soldati Corsi.

No	Nuova numerazione	*Titolo*	Caratteri estrinseci	Antica numerazione	Indice
					§ III) MANDATI STRAORDINARI CON LICENZA. Tesoriere: Domenico Scalese
264	2.X.7.51	**MANDATI DI PAGAMENTO** **(1732-1734)**	v. leg. perg cc. 247 (h 29x21)	T. 59	Tesoriere: Domenico Scalese
265	2.X.7.52	**MANDATI DI PAGAMENTO** **(1733-1735)**	v. leg. perg cc. 276 (h 29x21)	T. 60	Tesoriere: Girolamo Fiorenza
266	2.X.7.53	**MANDATI DI PAGAMENTO** **(1734-1735)**	v. leg. perg. cc. 243 (h 29x21)	T. 61	Tesoriere: Girolamo Fiorenza
267	2.X.7.54	**MANDATI DI PAGAMENTO** **(1735-1736)**	v. leg. perg. cc. 267 (h 29x21)	T. 62	Tesoriere: Girolamo Fiorenza
268	2.X.7.55	**MANDATI DI PAGAMENTO** **(1736-1737)**	v. leg. perg. cc. 287 (h 29x21)	T. 63	Tesoriere: Girolamo Fiorenza
269	2.X.7.56	**MANDATI DI PAGAMENTO** **(1737-1738)**	v. leg. perg. cc. 230 (h 29x21)	T. 64	Tesoriere: Domenico Scalese
270	2.X.7.57	**MANDATI DI PAGAMENTO** **(1738-1739)**	v. leg. perg. con indice cc. 255 (h 28x21)	T. 65	Pagamenti fatti da tes.ri da settembre 1738 a tutto agosto 1739: § I) RIMESSE FATTE IN ROMA. § II) A' CAMERALI IN BENEVENTO. § III) A' PROVISIONATI. § IV) PER CENSI ENFITEOTICI. § V) PER SPESE STRAORDINARIE. Tesoriere: Domenico Scalese (per mesi cinque); Domenico Tomaselli (per mesi sette).
271	2.X.7.58	**MANDATI DI PAGAMENTO** **(1739-1740)**	v. leg. perg. con indice cc. 248 (h 28x21)	T. 66	Pagamenti fatti da tes.ri da settembre 1739 a tutto agosto 1740: § I) RIMESSE FATTE IN ROMA. § II) A' CAMERALI IN BENEVENTO. § III) A' PROVISIONATI. § IV) PER CENSI ENFITEOTICI. § V) PER SPESE STRAORDINARIE. Tesoriere: Bartolomeo Tomaselli
272	2.X.7.59	**MANDATI DI PAGAMENTO** **(1740-1741)**	v. leg. perg. con indice cc. 234 (h 28x21)	T. 67	Pagamenti fatti da tes.ri da settembre 1740 a tutto agosto 1741: § I) RIMESSE FATTE IN ROMA. § II) A' CAMERALI IN BENEVENTO. § III) A' PROVISIONATI. § IV) PER CENSI ENFITEOTICI.

No	Nuova numerazione	*Titolo*	Caratteri estrinseci	Antica numerazione	**Indice**
					§ V) PER SPESE STRAORDINARIE. Tesoriere: Giovanni D'Auria
273	2.X.7.60	**MANDATI DI PAGAMENTO** (1741-1742)	v. leg. perg. con indice cc. 178 (h 28x21)	T. 68	§ I) MANDATI ORDINARI: 1) Circa i provisionati. 2) Circa l'elemosine à Padri Mendicanti, e SS.ma Annunziata. 3) Circa i Censi Passivi. 4) Circa le spese Diverse § II) MANDATI STRAORDINARI: 1) Circa i Provisionati 2) Circa le spese diverse. 3) Circa i Fitti § III) MANDATI STRAORDINARI CON LICENZA. Tesoriere: Marco de Lella.
274	2.X.7.61	**MANDATI DI PAGAMENTO** (1742-1743)	v. leg. perg. con indice cc. 139 (h 28x21)	T. 69	§ I) MANDATI ORDINARI: 1) Circa i provisionati. 2) Circa l'elemosine à Padri Mendicanti, e SS.ma Annunziata. 3) Circa i Censi Passivi. 4) Circa le spese Diverse § II) MANDATI STRAORDINARI. § III) MANDATI STRAORDINARI CON LICENZA. 1) Circa le spese diverse. Tesoriere: Giovanbattista Cifaldi
275	2.X.7.62	**MANDATI DI PAGAMENTO** conto del grano (1742-1743)	v. leg. perg. cc. 171 (h 29x21)	T. 90	
276	2.X.7.63	**MANDATI DI PAGAMENTO** (1743-1744)	v. leg. perg. cc. 152 (h 29x21)	T. 70	Tesoriere: Donato Perillo
277	2.X.7.64	**MANDATI DI PAGAMENTO** (1744-1745)	v. leg. perg. cc. 158 (h 29x21)	T. 71	Tesoriere: Donato Perillo
278	2.X.7.65	**MANDATI DI PAGAMENTO** (1745-1746)	v. leg. perg. cc. 139 (h 29x21)	T. 72 v. 190	
279	2.X.7.66	**MANDATI DI PAGAMENTO** conto de' macelli (1745-1748) conto del grano (1747)	v. leg. perg. cc. 300 (h 29x21)	T. 91	Bilancio de' macelli di questa città di Benevento fatti a deputazione dalli 16 aprile 1745 a tutto li 22 febbraio 1746 (c. 1-69). Conto del grano riposto per servizio de questo pubblico nell'anno 1747 (c. 70-300).

No	Nuova numerazione	*Titolo*	Caratteri estrinseci	Antica numerazione	Indice
280	2.X.7.67	**MANDATI DI PAGAMENTO** (1746-1747)	v. leg. perg. cc. 140 v. (h 29x21)	T. 73 v. 191	Tesoriere: Donato Perillo
281	2.X.7.68	**MANDATI DI PAGAMENTO** (1747-1748)	v. leg. perg. cc. 140 v. (h 29x21)	T. 74 v. 192	Tesoriere: Donato Perillo
282	2.X.7.69	**MANDATI DI PAGAMENTO** (1748-1749)	v. leg. perg. cc. 159 (h 29x21)	T. 75 v. 193	Tesoriere: Alesio Macchia
283	2.X.7.70	**MANDATI DI PAGAMENTO** (1749-1750)	v. leg. perg. cc. 192 (h 29x21)	T. 76 v. 194	Tesoriere: Giovanni Vecchione
284	2.X.7.71	**MANDATI DI PAGAMENTO** (1750-1751)	v. leg. perg. cc. 154 (h 29x21)	T. 77 v. 195	Tesoriere: Nicola Liguori
285	2.X.7.72	**MANDATI DI PAGAMENTO** (1751-1752)	v. leg. perg. cc. 201 (h 29x21)	T. 92 v. 242	Tesoriere: Nicola Liguori
286	2.X.7.73	**MANDATI DI PAGAMENTO** (1752-1753)	v. leg. perg. cc. 175 (h 29x21)	T. 93 v. 243	Tesoriere: Nicola Liguori
287	2.X.7.74	**MANDATI DI PAGAMENTO** (1753-1754)	v. leg. perg. cc. 200 (h 29x21)	T. 94 v. 244	Tesoriere: Giovanni D'Auria
288	2.X.7.75	**MANDATI DI PAGAMENTO** (1754-1755)	v. leg. perg. cc. 209 (h 29x21)	T. 95 v. 245	Tesoriere: Nicola Liguori
289	2.X.7.76	**MANDATI DI PAGAMENTO** (1755-1756)	v. leg. perg. cc. 233 (h 29x21)	T. 96 v. 246	Tesoriere: Nicola Zoppoli
290	2.X.7.77	**MANDATI DI PAGAMENTO** (1756-1757)	v. leg. perg. cc. 167 (h 29x21)	T. 97 v. 247	Tesoriere: Nicola Zoppoli
291	2.X.7.78	**MANDATI DI PAGAMENTO** (1757-1758)	v. leg. perg. cc. 176 (h 29x21)	T. 98 v. 176	Tesoriere: Nicola Zoppoli
292	2.X.7.79	**MANDATI DI PAGAMENTO** (1758-1759)	v. leg. perg. cc. 198 (h 29x21)	T. 99 v. 249	Tesoriere: Nicola Zoppoli
293	2.X.7.80	**MANDATI DI PAGAMENTO** (1759-1760)	v. leg. perg. cc. 189 (h 29x21)	T. 100 v. 250	Tesoriere: Nicola Zoppoli
294	2.X.7.81	**MANDATI DI PAGAMENTO** (1760-1761)	v. leg. perg. cc. 180 (h 29x21)	T. 101 v. 251	Tesoriere: Nicola Zoppoli

No	Nuova numerazione	Titolo	Caratteri estrinseci	Antica numerazione	Indice
295	2.X.7.82	**MANDATI DI PAGAMENTO** (1761-1762)	v. leg. perg. cc. 204 (h 29x21)	T. 102 v. 252	Tesoriere: Nicola Zoppoli
296	2.X.7.83	**MANDATI DI PAGAMENTO** (1762-1763)	v. leg. perg. cc. 204 (h 29x21)	T. 103 v. 253	Tesoriere: Nicola Zoppoli
297	2.X.7.84	**MANDATI DI PAGAMENTO** (1763-1764)	v. leg. perg. cc. 191 (h 29x21)	T. 104 v. 254	Tesoriere: Nicola Zoppoli
298	2.X.7.85	**MANDATI DI PAGAMENTO** (1764-1765)	v. leg. perg. cc. 219 (h 29x21)	T. 105 v. 255	Tesoriere: Nicola Zoppoli
299	2.X.7.86	**MANDATI DI PAGAMENTO** (1765-1766)	v. leg. perg. cc. 213 (h 29x21)	T. 106 v. 256	Tesoriere: Nicola Zoppoli
300	2.X.7.87	**MANDATI DI PAGAMENTO** (1766-1767)	v. leg. perg. cc. 188 (h 29x21)	T. 107 v. 257	Tesoriere: Nicola Zoppoli
301	2.X.7.88	**MANDATI SPEDITI PER LA FABRICA DEL PONTE CALORE** (1766-1777)	v. leg. perg. cc. 181 (h 29x21)	v. CCVIII v. (343)	Tesoriere: Nicola Zoppoli
302	2.X.7.89	**MANDATI DI PAGAMENTO** (1767-1768)	v. leg. perg. cc. 241 (h 29x21)	T. 108 v. 258	Tesoriere: Nicola Zoppoli
303	2.X.7.90	**MANDATI DI PAGAMENTO** (1768-1769)	v. leg. perg. cc. 252 (h 29x21)	T. 109 v. 259	Tesoriere: Nicola Zoppoli
304	2.X.7.91	**MANDATI DI PAGAMENTO** (1769-1770)	v. leg. perg. cc. 783 (h 29x21)	T. 110 v. 260	Tesoriere: Nicola Zoppoli
305	2.X.7.92	**MANDATI DI PAGAMENTO** (1770-1771)	v. leg. perg. cc. 339 (h 29x22)	T. 111 v. 261	Tesoriere: Nicola Zoppoli
306	2.X.7.93	**MANDATI DI PAGAMENTO** (22 OTTOBRE 1770 30 OTTOBRE 1779)	v. leg. perg. cc. 328 (h 30x22)	T. 193	Tesoriere: Nicola Zoppoli - Giuseppe Torre
307	2.X.7.94	**MANDATI DI PAGAMENTO** (1771-1772)	v. leg. perg. cc. 363 (h 29x21)	T. 112 v. 262	Tesoriere: Nicola Zoppoli
308	2.X.7.95	**MANDATI DI PAGAMENTO** (1772-1773)	v. leg. perg. cc. 615 (h 30x22)	T. 113 v. 263	Tesoriere: Nicola Zoppoli

No	Nuova numerazione	Titolo	Caratteri estrinseci	Antica numerazione	Indice
309	2.X.7.96	**MANDATI DI PAGAMENTO** (1773-1774)	v. leg. perg. cc. 422 (h 29x21)	T. 115 v. 265	Tesoriere: Nicola Zoppoli
310	2.X.7.97	**MANDATI DI PAGAMENTO** (1774-1775)	v. leg. perg. cc. 228 (h 29x22)	T. 116 v. 266	Tesoriere: Nicola Zoppoli
311	2.X.7.98	**MANDATI DI PAGAMENTO** (1775-1776)	v. leg. perg. cc. 518 (h 29x22)	T. 117 v. 267	Tesoriere: Nicola Zoppoli
312	2.X.7.99	**MANDATI DI PAGAMENTO** (1776-1777)	v. leg. perg. cc. 471 (h 29x22)	T. 118 v. 268	Tesoriere: Giuseppe Torre
313	2.X.7.100	**MANDATI DI PAGAMENTO** (1777-1778)	v. leg. perg. cc. 248 (h 29x21)	T. 119 v. (269)	Tesoriere: Saverio de Cillis
314	2.X.7.101	**MANDATI DI PAGAMENTO** (1778-1779)	v. leg. perg. cc. 319 (h 29x21)	T. 120 v. (270)	Tesoriere: Nicola Zoppoli
315	2.X.7.102	**DANARO PAGATO PER LA FABBRICA DEL PONTE DI S. MARIA DELLA LIBERA DAL M. ROTONDI** (1779)	v. leg. perg. cc. 50 (h 29x20)	v. CCIX v. (346)	Tesoriere: Giovanni Battista Rotondo
316	2.X.7.103	**MANDATI DI PAGAMENTO** (1779-1780)	v. leg. perg. cc. 964 (h 29x21)	T. 121 v. 271	Tesoriere: Francesco Rossi
317	2.X.7.104	**MANDATI DI PAGAMENTO** (1780-1781)	v. leg. perg. cc. 391 (h 29x21)	T. 122 v. 272	Tesoriere: Francesco Rossi
318	2.X.7.105	**MANDATI DI PAGAMENTO** (1781-1782)	v. leg. perg. cc. 639 (h 29x21)	T. 123 v. 273	Tesoriere: Francesco Rossi
319	2.X.7.106	**MANDATI DI PAGAMENTO** (1782-1783)	v. leg. perg. cc. 329 (h 29x21)	T. 124 v. 274	Tesoriere: Francesco Rossi
320	2.X.7.107	**MANDATI DI PAGAMENTO** (1783-1784)	v. leg. perg. cc. 336 (h 29x21)	T. 125 v. 275	Tesoriere: Francesco Rossi
321	2.X.7.108	**MANDATI DI PAGAMENTO** (1784-1785)	v. leg. perg. cc. 285 (h 29x21)	T. 126 v. 276	Tesoriere: Francesco Rossi
322	2.X.7.109	**MANDATI DI PAGAMENTO** (1785-1786)	v. leg. perg. cc. 394 (h 29x21)	T. 127 v. 277	Tesoriere: Francesco Rossi

No	Nuova numerazione	Titolo	Caratteri estrinseci	Antica numerazione	Indice
323	2.X.7.110	**MANDATI DI PAGAMENTO** **(1786-1787)**	v. leg. perg. cc. 341 (h 29x21)	T. 128 v. 278	Tesoriere: Vincenzo Penga
324	2.X.7.111	**MANDATI DI PAGAMENTO** **(1787-1788)**	v. leg. perg. cc. 352 (h 29x21)	T. 129 v. 279	Tesoriere: Vincenzo Penga
325	2.X.7.112	**MANDATI DI PAGAMENTO** **(1788-1789)**	v. leg. perg. cc. 416 (h 29x21)	T. 130 v. 280	Tesoriere: Antonio Penga
326	2.X.7.113	**MANDATI DI PAGAMENTO** **(1789-1790)**	v. leg. perg. cc. 366 (h 29x21)	T. 131 v. 281	Tesoriere: Antonio Penga
327	2.X.7.114	**MANDATI DI PAGAMENTO** **(1790-1791)**	v. leg. perg. cc. 331 (h 29x21)	T. 132 v. 282	Tesoriere: Giuseppe Mutarelli
328	2.X.7.115	**MANDATI DI PAGAMENTO** **(1791-1792)**	v. leg. perg. cc. 302 (h 29x21)	T. (132) v. 283	Tesoriere: Giuseppe Mutarelli
329	2.X.7.116	**MANDATI DI PAGAMENTO** **(1792-1793)**	v. leg. perg. cc. 307 (h 29x21)	v. 134 v. 284	Tesoriere: Giuseppe Mutarelli
330	2.X.7.117	**MANDATI DI PAGAMENTO** **(1793-1794)**	v. leg. perg. cc. 305 (h 28x21)	T. 135	Tesoriere: Antonio Penga
331	2.X.7.118	**MANDATI DI PAGAMENTO** **(1794-1795)**	v. leg. perg. cc. 299 (h 28x20)	T. 137	Tesoriere: Sebastiano Schinosi
332	2.X.7.119	**MANDATI DI PAGAMENTO** **(1795-1796)**	v. leg. perg. cc. 336 (h 29x20)	T. 137	Tesoriere: Vincenzo Tomaselli
333	2.X.7.120	**MANDATI DI PAGAMENTO** **(1796-1797)**	v. leg. perg. cc. 313 (h 29x21)	T. 138	Tesoriere: Felice Cimbaroli Vincenzo Tomaselli
334	2.X.7.121	**MANDATI DI PAGAMENTO** **(1797-1798)**	v. leg. perg. cc. 617 (h 29x21)	T. 139 v. 289	Tesoriere: Vincenzo Tomaselli
335	2.X.7.122	**MANDATI DI PAGAMENTO** **(1798-1799)**	v. leg. perg. cc. 633 (h 29x21)	T. 140	Tesoriere: Vincenzo Tomaselli
336	2.X.8.1	**MANDATI DI PAGAMENTO** **(1533-1553)**	v. leg. perg cc. 391 v. (h 30x21) **Visto del Card. Orsini 1710, giug. IV v. 116**	T. 196	Registro de mandati dal gennaio 1533 fino al mese di novembre 1553 - a' tesorieri. TO. I

No	Nuova numerazione	*Titolo*	Caratteri estrinseci	Antica numerazione	**Indice**
337	2.X.8.2	**MANDATI DI PAGAMENTO** **(1558-1562)**	v. leg. perg. cc. 170 (h 28x21) **visto del Card. Orsini 1710, giug. V v. 117**	v. 197 T. 79	Registro de mandati dal settembre 1558 fino a settembre 1562 - a' tesorieri. TO. II
338	2.X.8.3	**REGISTRO DE' MANDATI** **(1573-1577)**	v. leg. perg. cc. 95 v. (h 28x21) **visto del Card. Orsini 1710, giug. III v. 118**	v. 198	Registro de mandati da agosto 1573 fino a dicembre 1577 - a' tesorieri. TO. III
339	2.X.8.4	**REGISTRO DE' MANDATI** **(1582-1588)**	v. leg. perg. cc. 141 v. (h 28x21) **visto del Card. Orsini 1710, giug. III v. 119**	v. 199	Registro de mandati da dicembre 1582 fino a dicembre 1588 - a' tesorieri. TO. IV
340	2.X.8.5	**REGISTRO DE' MANDATI** **(1588-1593)**	v. leg. perg. cc. 256v. (h 28x21) **visto del Card. Orsini 1710, giug. V v. 120**	v. 200	Registro de mandati dall'anno 1588 nel mese di gennaio al mese di maggio 1593 - a' tesorieri. TO. V
341	2.X.8.6	**REGISTRO DE' MANDATI** **(1593-1599)**	v. leg. perg. cc. 287 (h 31x20) **visto del Card. Orsini 1710, giug. XII v. 121**	v. 201	Registro de maggio 1593 sino ad aprile 1599 - a' tesorieri. TO.VI
342	2.X.8.7	**MANDATI DI PAGAMENTO** **(1599-1607)**	v. leg. perg. cc 368 v. (h 27x20) **visto del Card. Orsini 1710, giug. XII. v. 122**	T. 81	Registro de mandati da novembre 1599 fino a febbraio 1607 - a' tesorieri. TO. VII
343	2.X.8.8	**MANDATI DI PAGAMENTO** **(1607-1613)**	v. leg. perg. cc. 383 (h 28x21) **visto del Card. Orsini 1710, giug. XVI v. 123**	T. 82	Registro de mandati da maggio 1607 sino ad aprile 1613 - a' tesorieri. TO VIII
344	2.X.8.9	**MANDATI DI PAGAMENTO** **(1613-1617)**	v. leg. perg. cc. 329 (h 28x21) **visto del Card. Orsini 1710, giu. XVII v. 124**	T. 83	Registro de mandati da marzo 1613 sino a luglio1617 a' tesorieri. TO. IX
345	2.X.8.10	**MANDATI DI PAGAMENTO** **(1623-1631)**	v. leg. perg. cc. 443 (h 27x21) **visto del Card. Orsini 1710, giug. V v. 125**	T. 84	Registro de mandati da settembre 1623 fino a settembre 1631 a' tesorieri. TO. X

No	Nuova numerazione	Titolo	Caratteri estrinseci	Antica numerazione	Indice
346	2.X.8.11	**MANDATI DI PAGAMENTO** (1631-1644)	v. leg. perg. cc. 873 (h 27x21) **visto del Card. Orsini 1710, giug. IX v. 126**	T. 85	Registro de mandati da settembre 1631 a gennaio 1644 - a' tesorieri. TO. XI
347	2.X.8.12	**REGISTRO DE' MANDATI** (1644-1645)	v. leg. perg. cc. 107 (h 28x21) **visto del Card. Orsini 1710, giug. XIV v. 127**	v. 207	Registro de mandati da febbraio 1644 fino a settembre 1645 - a' tesorieri. TO. XII
348	2.X.8.13	**REGISTRO DE' MANDATI** (1645-1646)	v. leg. perg. cc. 66 (h 26x20) **visto del Card. Orsini 1710, giug. VI v. 128**	v. 208	Registro de mandati dal mese di settembre 1645 fino a maggio 1646 - a' tesorieri. TO. XIII
349	2.X.8.14	**MANDATI DI PAGAMENTO** (1646-1647)	v. leg. perg. cc. 170 (h26x21) **visto del Card. Orsini 1710, giu. XXVII v.129**	v. 209	Registro de mandati da ottobre 1646 fino a settembre 1647 - a' tesorieri. TO. XIV
350	2.X.8.15	**REGISTRO DE' MANDATI** (1647-1649)	v. leg. perg. cc. 101 (h 26x21) **visto del Card. Orsini 1710, feb. XXV v. 130**	v. 210	Registro de mandati da settembre 1647 fino ad agosto 1649 - a' tesorieri. TO. XV
351	2.X.8.16	**REGISTRO DE' MANDATI** (1649-1650)	v. leg. perg. cc. 109 (h 28x21) **visto del Card. Orsini 1710, feb. XXVIII v. 131**	v. 211	Registro de mandati da novembre 1649 fino a settembre 1650 - a' tesorieri. TO. XVI
352	2.X.8.17	**REGISTRO DE' MANDATI** (1650-1651)	v. leg. perg. cc. 57 (h 28x20) **visto del Card. Orsini 1710, feb. XXVII v. 132**	v. 212	Registro de mandati da novembre 1650 sino ad agosto 1651 - a' tesorieri. TO. XVII
353	2.X.8.18	**REGISTRO DE' MANDATI** (1652-1654)	v. leg. perg. cc. 121 (h 28x21) **visto del Card. Orsini 1710, feb. XXVI v. 133**	v. 213	Registro de mandati da novembre 1652 sino ad agosto 1654 - a' tesorieri. TO. XVIII
354	2.X.8.19	**REGISTRO DE' MANDATI** (1662-1663)	v. leg. perg. cc. 47 (h 28x21) **visto del Card.Orsini 1710, feb. XXI v. 134**	v. 214	Registro de mandati da giugno 1662 fino a ottobre 1663 - a' tesorieri. TO. XIX

No	Nuova numerazione	*Titolo*	Caratteri estrinseci	Antica numerazione	Indice
355	2.X.8.20	**REGISTRO DE' MANDATI** (1663-1667)	v. leg. perg. cc. 149 (h 37x24) **visto del Card. Orsini 1710, mar. IV v. 135**	T. 88	Registro de mandati da ottobre 1663 fino a settembre 1667 - a' tesorieri. TO. XX
356	2.X.8.21	**REGISTRO DE' MANDATI** (1672-1683)	v. leg. perg. con indice cc. 393 (h 42x28)	v. 466	§ I) INTAVOLATURA D'ESITO CHE FA OGN'ANNO LA CITTÀ DI BENEVENTO DELLE SUE ENTRATE A DIVERSI PER MANDATI ORDINARI FIRMATI DALLI ILL.MI SS.RI CONSOLI 1) A Montisti di Roma 2) A soldati Ascolani § II) CENSI CAMERALI, CANONI ECCLESIASTICI, ET EMPHITEOTICI. § III) CENSI CONSTITUTIVI. § IV) PROVISIONI D' OFFICIALI ET ALTRI. § V) ELEMOSINE PUBBLICHE. § VI) MANDATI STRAORDINARI FIRMATI DAL ILL.MO V. GOVERNATORE.
357	2.X.8.22	**CIVITATIS BENEVENTANAE** (1687-1736)	v. leg. pelle con unghiature sul dorso con indice cc. 588 (h 26x20)	T. 456	§ I) CENSI ENFITEOTICI. § II) CENSI CONSTITUTIVI. § III) PROVISIONATI. § IV) ESITO DI SPESE ORDINARIE. § V) SPESE ORDINARIE – SPESE STRAORDINARIE. § VI) SPESE STRAORDINARIE CON LICENZA DELLA S. C. DEL BUON GOVERNO.
358	2.X.8.23	**MANDATI DI PAGAMENTO** (1738-1744)	v. leg. perg con indice cc. 463 v. (h 26x20)	v. 440 T. 197	Nuovo libro di registro de' mandati fatte d'ordine dell'ill.mo e rev.mo Monsignor Cenci Governatore, cominciato dal dì 18 ottobre 1738 nel quale sua signoria ill.ma si fece esibire dal notaio Girolamo Fiorenza di quel tempo Governatore della SS.ma Annunziata i vecchi libri de' registri… § I) CENSI ENFITEOTICI. § II) CENSI CONSTITUTIVI. § III) PROVISIONATI. § IV) ELEMOSINE. § V) SPESE ORDINARIE. § VI) SPESE STRAORDINARIE.
359	2.X.8.24	**REGISTRO DE' MANDATI** (1745)	v. leg. perg. cc. 395 (h 27x19)	T. 198	

No	Nuova numerazione	Titolo	Caratteri estrinseci	Antica numerazione	Indice
360	2.X.8.25	**REGISTRO PRINCIPIATO QUEST'ANNO** **(1760)**	v. leg. perg. con indice cc. 406 (h 27x29)	v. 442 T. 199	Registro de' mandati, che si spediscono da questi ill.mi signori del magistrato, e deputa-ti, ut intus principiato a' di 20 giugno 1760. § I) CENSI ENFITEOTICI. § II) CENSI CONSTITUTIVI § III) ELEMOSINE. § IV) PROVISIONATI. § V) SPESE ORDINARIE. § VI) SPESE STRAORDINARIE.
361	2.X.8.26	**MANDATI DI PAGAMENTO (8 SETT. 1765-20 MAGGIO 1768)**	v. leg. perg. con indice cc. 359 (h 32x22)	T. 200	Registro de' mandati, che si spediscono da questi ill.mi signori del magistrato, e depu-tati, ut intus principiato dal di 8 settembre di questo corrente anno 1765 al 20 maggio 1768.
362	2.X.8.27	**MANDATI DI PAGAMENTO (1768-1770)**	v. leg. perg. con indice cc. 304 (h 28x20)	V.444 T. 201	Registro de' mandati che si spediscono da questi ill.mi signori del magistrato, e deputati … § I) CENSI ENFITEOTICI. § II) CENSI CONSTITUTIVI § III) ELEMOSINE. § IV) PROVISIONATI. § V) SPESE ORDINARIE. § VI) SPESE STRAORDINARIE.
363	2.X.8.28	**MANDATI DI PAGAMENTO (1770)**	v. leg. perg. con indice cc. 524 (h 29x21)	T. 194	Registro de' mandati che si spediscono da questi ill.mi signori del magistrato, e deputati … § I) CENSI ENFITEOTICI. § II) CENSI CONSTITUTIVI. § III) ELEMOSINE. § IV) PROVISIONATI. § V) SPESE ORDINARIE. § VI) SPESE STRAORDINARIE.
364	2.X.8.29	**REGISTRO DE MANDATI (DICEMBRE 1773-1783)**	v. leg. perg. con indice cc. 799 (h 29x21)	v. 264 T. 114	Registro de' mandati che si spediscono da questi ill.mi signori del magistrato, e deputati principiato in dicembre 1773 § I) CENSI ENFITEOTICI. § II) CENSI CONSTITUTIVI. § III) ELEMOSINE. § IV) PROVISIONATI. § V) SPESE ORDINARIE. § VI) SPESE STRAORDINARIE.
365	2.X.8.30	**MANDATI DI PAGAMENTO (30 LUGLIO 1783 13 SETTEMBRE 1790)**	v. leg perg. cc. 761 (h 32x23)	V.445 T. 202	Registro de' mandati che si spediscono da questi ill.mi signori del magistrato, e deputati principiato a 30 luglio 1783 § I) CENSI ENFITEOTICI. § II) CENSI CONSTITUTIVI.

No	Nuova numerazione	*Titolo*	Caratteri estrinseci	Antica numerazione	Indice
					§ III) ELEMOSINE. § IV) PROVISIONATI. § V) SPESE ORDINARIE. § VI) SPESE STRAORDINARIE.
366	2.X.8.31	**MANDATI DI PAGAMENTO (1791-1802)**	v. leg. perg. con indice cc. 831 (h 31x22)	T. 203	Registro de' mandati che si spediscono dagli ill.mi signori del magistrato, e deputati principiato al primo gennaio 1791. § I) CENSI ENFITEOTICI. § II) CENSI CONSTITUTIVI. § III) PROVVISIONATI. § IV) LIMOSINE. § V) SPESE ORDINARIE. § VI) SPESE STRAORDINARIE CON LICENZA.
367	2.X.9.1	**TABELLE DELL'INTROITO ED ESITO DELLA COMUNITÀ TOMO I (1611-1668)**	v. leg. cart. con indice cc. 51 (h 29x22) **visto del Card. Orsini 1710, mar. VIII v. 136**	T. 216	
368	2.X.9.2	**TABELLA DELLA COMUNITÀ DI BENEVENTO. PER ANNI TRE (9 SETTEMBRE 1781 8 SETTEMBRE 1784)**			ROTOLO
369	2.X.10.1	**INTROITO ED ESITO DELLI PORCI TOMO I (1598)**	v. leg. perg. cc. 48 (h 28x20) **visto del Card. Orsini 1710, mag. X v. 137**	T. 217	Libro dell'introito ed esito delli porci venuti e venduti nella fiera di Santo Bartolomeo nell'anno 1598.
370	2.X.11.1	**INTERESSI DELLA COMUNITÀ CON I MONTISTI - 3.ª EREZIONE TOMO I (1650-1672)**	v. leg.cart. con indice cc. 40 (h 28x20) **visto del Card. Orsini 1710, mag. XIII v. 138**	V. L...	§ I) RICEVUTE DEL MONTE 3.A EREZIONE À FAVORE DELLA COMUNITÀ (1650-1654). § II) CONTI DI PAGAMENTI FATTI E DI RESTO DI DEBITI DELLA COMMUNITÀ E IL MONTE (1669-1670). § III) LETTERE DÈ MONTISTI PER INTERESSI DE LA COMMUNITÀ (1670-1672).
371	2.X.11.2	**ORDINI E RISCOSSIONI DI ROMA DEI MONTISTI (1663-1729)**	v. leg. cart. con indice cc. 61 (h 28x20)	v. 138 A t 219 (CXXXVIII)	Tomo continente gli interessi della comunità colla Camera, e col monastrero di S.Pietro, distribuito nei seguenti paragrafi: § I) PAGAMENTI FATTI DALLA COMUNITÀ AL MONTE COMUNITÀ TERZA EREZIONE(1710-1726). § II) PAGAMENTI FATTI AL NUOVO MONTE COMUNITÀ(1717-1724). § III) PAGAMENTI FATTI À PARTICOLARI CREDITORI(1704-1706).

No	Nuova numerazione	Titolo	Caratteri estrinseci	Antica numerazione	Indice
					§ IV) CONTO DI PAGAMENTI FATTI, E DI RESA DI DEBITO COL MONTE NUOVO COMUNITÀ. § V) ORDINI E LETTERE DE MONTISTI PER GLI INTERESSI COLLA COMUNITÀ (1663-1724). Appendice: § PAGAMENTI FATTI AL MONTE COMUNITÀ TERZA EREZIONE(1724-1729). § PAGAMENTI FATTI A FAVORE DEL MOLTIPLICO ORSINI.
372	2.X.12.1	**INTERESSI CON BACCELLI TOMO I (1615-1643)**	v. leg. cart. con indice cc. 135 v. (h 30x21) **visto del Card. Orsini 1710, giu. XI v. 139**	v. CXXXXIV T. 220	§ I) PARTITI E CONVENZIONI FATTE DALLA CITTÀ CON I BACCELLI (1615-1635). § II) PAGAMENTI FATTI DAI BACCELLI PER LA COMUNITÀ (1615-1620). § III) PAGAMENTI FATTI DALLA COMUNITÀ À BACCELLI,E CONTI DEL DARE ET HAVERE (1615-1643). § IV) ATTI GIUDIZIALI NEL TRIBUNALE DEL GOVERNATORE. § V) ATTI GIUDIZIALI IN CURIA ROMANA (1623-1634).
373	2.X.13.1	**CONTI E SIGNIFICATORIE DELL'OFFICIALI Tomo I (1588-1662)**	v. leg. cart. con indice cc. 128v. (h 28x20) **visto del Card. Orsini 1710, giu. VIII v. 140**	T. 221	§ I) CONTI E SIGNIFICATORIE DE TESORIERI (1588-1656) § II) CONTI E SIGNIFICATORIE DEGLI OFFICIALI DELLA SANTISSIMA ANNUNZIATA (1638). § III) CONTI E SIGNIFICATORIE DEGLI OFFICIALI DI S.DIODATO (1620). § IV) CONTI E SIGNIFICATORIE DÈ RAPPRESENTANTI SOPRA IL MACELLO (1624). § V) CONTI E SIGNIFICATORIE DÈ DEPUTATI SOPRA IL SALE (1662).
374	2.X.14.1	**CONTI DELLE DEPUTAZIONI DELLE DOGANE DEI SIGNORI MACCHIA E ZAMBOTTI (1753-1754)**	v. leg. perg. cc. 309 (h 29x20)	v. 347	
375	2.X.14.2	**CONTI DELLI PROVENTI DELLE DOGANE RISCOSSI E PAGATI DA GIOVANNI D'AURIA TESORIERE TO. I (1 LUGLIO 1753 9 SETTEMBRE 1754)**	v. leg. perg. con indice cc. 45 (h 28x21)	v. 348	§ I) RIMESSE FATTE IN ROMA. § II) PAGAMENTI FATTI PER CONTO DELLA CAMERA. § III) ESITO DIVERSO. § IV) PROVISIONATI DALLA DOGANA. § V) PAGAMENTI FATTI IN MANO DAL SIGNOR NICOLA LIGUORI TESORIERE E SUCCESSORE DE PAGAMENTI SE NE FARÀ EGLI CARICO NEL SUO CONTO.

No	Nuova numerazione	*Titolo*	Caratteri estrinseci	Antica numerazione	Indice
					§ VI) PER TANTI CAMBIATI DI MONETA DI RAME IN ARGENTOPER LA PAGA DELLE RIMESSE. COLLETTIVA: INTROITO – ESITO.
376	2.X.14.3	**TOMO II MANDATI N 6 (1754-1755)**	v. leg. perg. con indice cc. 6. (h 29x20)	v. 349	CONTO DEL DARE ED AVERE DEL SIG. TESORIERE D. NICOLA LIGUORI PER L'AMMINISTRAZIONE DEGLI EMOLU-MENTI ED AFFITTO DELLE DOGANE, APPARTENENTI A QUESTA COMUNITÀ INCOMINCIATE da sett. 1754 a sett. 1756. To. II
377	2.X.14.4	**TOMO III MANDATI N 10 (1755-1756)**	v. leg. perg. con indice cc. 10 (h 28x20)	v. 350	Conto del dare e dell'avere di Nicola Zoppoli per l'affitto delle dogane 9 sett. 1755 a 9 sett. 1756.
378	2.X.14.5	**TOMO IV (1756-1757)**	v. leg. perg. con indice cc. 15. (h 28x20)	v. 351	Conto del dare ed avere del signor tesoriere d. Nicola Zoppoli per l'affitto delle dogane, appartenenti a questa comunità incominciato dalli 9 settembre 1756 a tutto il 9 settembre 1757.
379	2.X.14.6	**TOMO V (1757-1758)**	v. leg. perg. con indice cc. 11 (h 28x20)	v. 352	Conto del dare ed avere del signor tesoriere d. Nicola Zoppoli per l'affitto delle dogane, appartenenti a questa comunità incominciato dalli 9 settembre 1757 a tutto il 9 settembre 1758.
380	2.X.14.7	**TOMO VI (1758-1759)**	v. leg. perg. con indice cc. 10 (h28x20)	v. 353	Conto del dare ed avere del signor tesoriere d. Nicola Zoppoli per l'affitto delle dogane, appartenenti a questa comunità incominciato dalli 7 settembre 1758 a tutto il 7 settembre 1759.
381	2.X.14.8	**TOMO VII (1759-1760)**	v. leg. perg. con indice cc. 14. (h 28x20)	v. 354	Conto del dare ed avere del signor tesoriere d. Nicola Zoppoli per l'affitto delle dogane, appartenenti a questa comunità incominciato dalli 7 settembre 1759 a tutto il 7 settembre 1760.
382	2.X.14.9	**TOMO VIII (1760-1761)**	v. leg. perg. con indice cc. 14 (h 28x20)	v. 355	Conto del dare ed avere del signor tesoriere d. Nicola Zoppoli per l'affitto delle dogane, appartenenti a questa comunità incominciato dalli 7 settembre 1760 a tutto il 7 settembre 1761.
383	2.X.14.10	**TOMO IX (1761-1762)**	v. leg. perg. con indice cc. 13 (h 28x20)	v. 356	Conto del dare ed avere del signor tesoriere d. Nicola Zoppoli per l'affitto delle dogane, appartenenti a questa comunità incominciato dalli 7 settembre 1761 a tutto il 7 settembre 1762.
384	2.X.14.11	**TOMO X (1762-1763)**	v. leg. perg. con indice cc. 24 (h 28x20)	v. 357	Conto del dare ed avere del signor tesoriere d. Nicola Zoppoli per l'affitto delle dogane, appartenenti a questa comunità incominciato dalli 7 settembre 1762 a tutto il 7 settembre 1763.

No	Nuova numerazione	Titolo	Caratteri estrinseci	Antica numerazione	Indice
385	2.X.14.12	**TOMO XI** **(1763-1764)**	v. leg. perg con indice cc. 14 (h 28x20)	v. 358	Conto del dare ed avere del signor tesoriere d. Nicola Zoppoli per l'affitto delle dogane, appartenenti a questa comunità incominciato dalli 7 settembre 1759 a tutto il 7 settembre 1760.
386	2.X.14.13	**TOMO XII** **(1764-1765)**	v. leg. perg. con indice cc. 12 (h 28x20)	v. 359	Conto del dare ed avere del signor tesoriere d. Nicola Zoppoli per l'affitto delle dogane, appartenenti a questa comunità incominciato dalli 7 settembre 1764 a tutto il 7 settembre 1765.
387	2.X.14.14	**TOMO XIII** **(1765-1766)**	v. leg. perg. con indice cc. 22 (h 28x20)	v. 360	Conto del dare ed avere del signor tesoriere d. Nicola Zoppoli per l'affitto delle dogane, appartenenti a questa comunità incominciato dalli 7 settembre 1765 a tutto il 7 settembre 1766.
388	2.X.14.15	**TOMO XIV** **(1766-1767)**	v. leg. perg. con indice cc. 17 (h 28x20)	v. 361	Conto del dare ed avere del signor tesoriere d. Nicola Zoppoli per l'affitto delle dogane, appartenenti a questa comunità incominciato dalli 7 settembre 1766 a tutto il 7 settembre 1767.
389	2.X.14.16	**TOMO XV** **(1767-1768)**	v. leg. perg. con indice cc. 11 (h28x20)	v. 362	Conto del dare ed avere del signor tesoriere d. Nicola Zoppoli per l'affitto delle dogane, appartenenti a questa comunità dal di 8 settembre 1767 a tutto il 7 settembre 1768. c.7 v.: PAGAMENTI FATTI DOPO CHE LA CITTÀ DI BENEVENTO PASSÒ SOTTO IL REGIO DOMINIO.
390	2.X.14.17	**CONTO TRA IL FISCO E BENEVENTO DELLE DOGANE** **(1768)**	v. leg. perg. cc. 108 (h 28x20)	v. 462	Conto fra il fisco e la comunità di Benevento dal dì primo gennaio 1768 a tutto dicembre di detto anno per il censo perpetuo delle dogane. Credito del Fisco.
391	2.X.14.18	**TOMO XVI** **(1768-1769)**	v. leg. perg cc. 8 (h 28x20)	v. 363	Conto del dare ed avere del signor tesoriere d. Nicola Zoppoli per l'affitto delle dogane, appartenenti a questa comunità incominciato dalli 8 settembre 1768 a tutto il 7 settembre 1769.
392	2.X.14.19	**CONTO TRA IL FISCO E BENEVENTO DELLE DOGANE** **(1769)**	v. leg. perg. cc. 14 (h 29x21)	v. 364	Conto fra il fisco e la comunità di Benevento dal primo gennaio 1769 a tutto dicembre di detto anno per il censo perpetuo delle dogane. Regio Governatore Colonnello. Domenico Gerig Sopraintendente dell'Azienda Fiscale.
393	2.X.14.20	**TOMO XVII** **(1769-1770)**	v. leg. perg. cc. 8 (h 28x20)	v. 365	Conto del dare ed avere del signor tesoriere d. Nicola Zoppoli per l'affitto delle dogane, appartenenti a questa comunità incominciato dalli 8 settembre 1769 a tutto il 7 settembre 1770. Regio Governatore Colonnello.Domenico Gerig Sopraintendente dell'Azienda Fiscale.

No	Nuova numerazione	*Titolo*	Caratteri estrinseci	Antica numerazione	**Indice**
394	2.X.14.21	**TOMO XVIII** (1770-1771)	v. leg. perg cc. 7 (h 28x20)	v. 366	Conto del dare ed avere del signor tesoriere d. Nicola Zoppoli per l'affitto delle dogane, appartenenti a questa comunità incominciato dalli 8 settembre 1770 a tutto il 7 settembre 1771. Regio Governatore Colonnello. Domenico Gerig Sopraintendente dell'Azienda Fiscale.
395	2.X.14.22	**CONTO TRA IL FISCO E BENEVENTO** (1770-1773)	v. leg. cart. cc. 47 (h 29x21)	v. 510	Conto fra il fisco e la comunità di Benevento dal primo gennaio 1770 a tutto decembre 1773 per il censo perpetuo delle dogane. Regio Governatore Colonnello.Domenico Gerig Sopraintendente dell'Azienda Fiscale.
396	2.X.14.23	**TOMO XIX** (1771-1772)	v. leg. perg. cc. 7 (h 28x20)	v. 367	Conto del dare ed avere del signor tesoriere d. Nicola Zoppoli per l'affitto delle dogane, appartenenti a questa comunità incominciato dalli 8 settembre 1771 a tutto il 7 settembre 1772. Regio Governatore Colonnello.Domenico Gerig Sopraintendente dell'Azienda Fiscale.
397	2.X.14.24	**TOMO XX** (1772-1773)	v. leg. perg. cc. 7 (h 28x20)	v. 368	Conto del dare ed avere del signor tesoriere d. Nicola Zoppoli per l'affitto delle dogane, appartenenti a questa comunità incominciato dalli 8 settembre 1772 a tutto il 7 settembre 1773. Regio Governatore Colonnello.Domenico Gerig Sopraintendente dell'Azienda Fiscale.
398	2.X.14.25	**TOMO XXI** (1773-1774)	v. leg. perg. cc. 8 (h 28x20)	v. 369	Conto del dare ed avere del signor tesoriere d. Nicola Zoppoli per l'affitto delle dogane, appartenenti a questa comunità incominciato dalli 8 settembre 1773 a tutto il 7 settembre 1774.
399	2.X.14.26	**TOMO XXII** (1774-1775)	v. leg. perg. cc. 10 (h 28x20)	v. 370	Conto del dare ed avere del signor tesoriere d. Nicola Zoppoli per l'affitto delle dogane, appartenenti a questa comunità incominciato dalli 8 settembre 1774 a tutto il 7 settembre 1775.
400	2.X.14.27	**TOMO XXIII** (1775-1776)	v. leg. perg. cc. 11 (h 28x20)	v. 371	Conto del dare ed avere del signor tesoriere d. Nicola Zoppoli per l'affitto delle dogane, appartenenti a questa comunità incominciato dalli 8 settembre 1775 a tutto il 7 settembre 1776.
401	2.X.14.28	**TOMO XXIV** (1776-1777)	v. leg. perg. cc. 11 (h 28x20)	v. 372	Conto del dare ed avere del signor tesoriere d. Nicola Zoppoli per l'affitto delle dogane, appartenenti a questa comunità incominciato dalli 29 settembre 1776 sino a tutto il 7 settembre 1777.
402	2.X.14.29	**CONTO TRA NICOLA ZOPPOLI DEGLI AVANZI DOGANALI** (1778)	v. leg. perg. cc. 5v. (h 29x21)	v. 373	Conto tra la comunità di Benevento ed il sig. Nicola Zoppoli passato tesoriere della comunità anzidetta del danaro degli avanzi di queste pontificie dogane che dall'altro antecessore tes. Saverio de Cillis furono del di lui conto doganale consegnati ad esso Zoppoli in virtù di significatoria esistente nell'anzidetto conto dell'anno 1778.

No	Nuova numerazione	Titolo	Caratteri estrinseci	Antica numerazione	Indice
403	2.X.14.30	**TOMO XXV MANDATI N 10** (1777-1778)	v. leg. perg. cc. 10 (h 28x20)	v. 374	Conto del dare ed avere del signor Saverio de Cillis tesoriere per l'affitto delle dogane, appartenenti a questa comunità incominciato dalli 8 settembre 1777 sino a tutto il 7 settembre 1778.
404	2.X.14.31	**TOMO XXVI MANDATI N 51** (1778-1779)	v. leg. perg. cc. 51 (h 29x21)	v. 375	Conto del dare ed avere delli sig.ri d. Antonio e Giov. Battista de Rotondo subappaltatori delle pontificie dogane appartenenti a questa comunità incominciate il 12 ottobre 1778 sino a tutto il 7 settembre 1779.
405	2.X.14.32	**TOMO XXVII MANDATI N 59** (1779-1780)	v. leg. perg. cc. 59 (h 29x20)	T. 195 (v. 376)	Conto del dare ed avere delli sig.ri d. Antonio e Giov. Battista de Rotondo subappaltatori delle pontificie dogane appartenenti a questa comunità incominciate il 12 settembre 1779 sino a tutto il 8 settembre 1780.
406	2.X.14.33	**DARE ED AVERE DA SUBAPPALTATORI DELLA DOGANA TOMO XXVIII** (1780-1781)	v. leg. perg. cc. 189 (h 29x21)	v. CCX (v. 377)	Conto del dare ed avere delli sig.ri d. Antonio e Giov. Battista de Rotondo subappaltatori delle pontificie dogane appartenenti a questa comunità incominciate il 8 settembre 1780 sino a tutto il 7 settembre 1781.
407	2.X.14.34	**TOMO XXIX** (1781-1782)	v. leg. perg. cc. 184 (h 29x21)	T. 196 (v. 378)	Conto del dare ed avere delli sig.ri d. Antonio e Giov. Battista de Rotondo subappaltatori delle pontificie dogane appartenenti a questa comunità incominciate il 8 settembre 1781 sino a tutto il 7 settembre 1782.
408	2.X.14.35	**TOMO XXX** (1782-1783)	v. leg. perg. cc. 34 (h 29x20)	v. 379	Conto del dare ed avere delli sig.ri d. Antonio e Giov. Battista de Rotondo subappaltatori delle pontificie dogane appartenenti a questa comunità incominciate il 8 settembre 1782 sino a tutto il 7 settembre 1783.
409	2.X.14.36	**TOMO XXXI** (1783-1784)	v. leg. perg. cc. 28 (h 29x20)	v. 380	Conto del dare ed avere delli sig.ri d. Antonio e Giov. Battista de Rotondo subappaltatori delle pontificie dogane appartenenti a questa comunità incominciate il 8 settembre 1778 sino a tutto il 11 ottobre 1784.
410	2.X.14.37	**TOMO XXXII** (1784-1785)	v. leg. perg. cc. 25 (h 29x20)	v. 381	Conto del dare ed avere di Giov.battista Rotondo subappaltatore delle pontificie dogane appartenenti a questa comunità incominciate il 12 ottobre 1784 sino a tutto il dì 31 dicembre 1785.
411	2.X.14.38	**TOMO XXXIII** (1786)	v. leg. perg. cc. 51 (h 28x20)	v. 382	Conto del dare ed avere del marchese Giov. Battista Rotondo... terminato 11 ottobre 1786.
412	2.X.14.39	**TOMO XXXIV** (1787)	v. leg. perg. cc. 51 (h 29x19)	v. 383	Conto del dare ed avere del marchese Giov. Battista Rotondo... terminato 11 ottobre 1787.
413	2.X.14.40	**TOMO XXXV** (1788)	v. leg. perg. cc. 24 (h 28x20)	v. 384	Conto del dare ed avere del marchese Giov. Battista Rotondo... terminato 11 ottobre 1788.

No	Nuova numerazione	*Titolo*	Caratteri estrinseci	Antica numerazione	Indice
414	2.X.14.41	**TOMO XXXVI** (1789)	v. leg. perg. cc. 23 (h 29x20)	v. 385	Conto del dare ed avere del marchese Giov. Battista Rotondo… terminato 11 ottobre 1789.
415	2.X.14.42	**TOMO XXXVII** (1790)	v. leg. perg. cc. 46 (h 28x20)	v. 386	Conto del dare ed avere del marchese Giov. Battista Rotondo… terminato 11 ottobre 1790.
416	2.X.14.43	**TOMO XXXVIII** (1791)	v. leg. perg. cc. 29 (h 28x20)	v. 387	Conto del dare ed avere del marchese Giov. Battista Rotondo… terminato 11 ottobre 1791.
417	2.X.14.44	**TOMO XXXIX** (1792)	v. leg. perg. cc. 42 (h 29x20)	v. 388	Conto del dare ed avere del marchese Giov. Battista Rotondo… terminato 11 ottobre 1792.
418	2.X.14.45	**TOMO XXXX** (1793)	v. leg. perg. cc. 34 (h 28x20)	v. 389	Conto del dare ed avere del marchese Giov. Battista Rotondo… terminato 11 ottobre 1793.
419	2.X.14.46	**TOMO XXXXI** (1794)	v. leg. perg. cc. 28 (h 28x20)	v. 390	Conto del dare ed avere del marchese Giov. Battista Rotondo… terminato 11 ottobre 1794.
420	2.X.14.47	**TOMO XXXXII** (1795)	v. leg. perg cc. 46 (h 28x20)	v. 391	Conto del dare ed avere del marchese Giov. Battista Rotondo… terminato 11 ottobre 1795.
421	2.X.14.48	**TOMO XXXXIII** (1796)	v. leg. perg cc. 33 (h 28x20)	v. 392	Conto del dare ed avere del marchese Giov. Battista Rotondo… terminato 11 ottobre 1796.
422	2.X.14.49	**TOMO XXXXIV** (1797)	v. leg. perg. cc. 29 (h 29x20)	v. 393	Conto del dare ed avere del marchese Giov. Battista Rotondo… terminato 11 ottobre 1797.
423	2.X.14.50	**TOMO XXXXV** (1798)	v. leg. perg. cc. 31 (h 28x20)	v. 394	Conto del dare ed avere del marchese Giov. Battista Rotondo… terminato 11 ottobre 1798.
424	2.X.14.51	**ORDINI DI PAGAMEN-TO ALLI APPALTATORI DELLE DOGANE** (1798)	v. leg. perg. cc. 120 (h. 28x20)	v. 457	
425	2.X.14.52	**TABELLA O CONTO DELL'ILL.MA CITTÀ, COMMUNITÀ, E MAGISTRATO DI BENEVENTO PER L'APPALTO PERPETUO DELLE DOGANE DI DETTA CITTÀ** (1753-1790)	v. leg. cart. cc. 91 (h. 28x20)	v. XVIII v. 502	
426	2.X.15.1	**CONTO** (1795-1799)	v. leg. perg. cc. 231 (h. 28x20)	t. 207	

No	Nuova numerazione	Titolo	Caratteri estrinseci	Antica numerazione	Indice
427	2.X.16.1	**NOTIZIE TRA BENE-VENTO E REGNICOLI PER LO COMMERCIO TOMO I** **(1734-1748)**	v. leg. perg. con indice cc. 258 (h 28x19) Indice appro-vato dal Deputato Mi-chele Capasso e avv. Francesco Maurelli 1749, sett.2	v. X... v. 19	Tomo di scritture toccanti il commercio col regno: § I) LETTERE TOCCANTI AL COMMERCIO COL REGNO 1) Del Segretario di Stato (1734-1735) 2) Della Sacra Congregazione del Buon Governo (1734) 3) Di Monsignor Nunzio di Napoli (1734-1735) 4) Del Signor Agente in Roma (1734) 5) Del Signor Principe di Monte Miletto(1734) 6) Del Signor Avv. Festa (1734) 7) Del Signor Conte Piatti (1734-35). 8) Del Signor d. Gennaro Caussimi (1734-35). § II) MEMORIALI TOCCANTI IL COMMERCIO E VALIMENTO, FEDI E TASSE (1734) § III) FATTO DI RAGGIONI PER IL COMMERCIO COL REGNO (1734) cc.167 a stampa: Supplica all'eccelentissima Città di Napoli per aprire il trasporto de grani nella Dogana di Benevento (Napoli,1736 dicembre 6, Ciriaco Palomba.) cc.171-172 a stampa: Brieve, e distinto raguaglio dell'operato, ed accaduto in Napoli per la reintegrazione del Trafico de' Grani in Benevento cc.173 e seguenti: copie di relazioni, memoriali, lettere dal 1719-1748.
428	2.X.17.1	**LIBRO DE SCANDAGLI D'OGLIO** **(1785-1791)**	v. leg. perg. cc. 66v. (h 27x19)		
429	2.X.18.1	**ASSISE DI CARNE TOMO I** **(1716-1720)**	v. leg. car. cc. 98 (h 29x21)	v. CCXI	
430	2.X.18.2	**ASSISE DI CARNE TOMO II** **(1722-1728)**	v. leg. cart. cc. 83 (h 29x20)	v. 225 v. CXL C	
431	2.X.18.3	**ASSISE DI CARNE** **(1728-1733)**	v. leg. perg. cc. 72 (h 28x20)	v. CCXIII	
432	2.X.18.4	**ASSISE DI CARNE** **(1733-1735)**	v. leg. perg. cc. 33 (h 29x21)	v. 228 CCX(IV)	
433	2.X.18.5	**ASSISE DI CARNE** **(1735-1738)**	v. leg. perg. cc. 44 (h 29x21)	v. CCXII	

No	Nuova numerazione	Titolo	Caratteri estrinseci	Antica numerazione	Indice
434	2.X.18.6	**ASSISE DI CARNE** **(1741-1752)**	v. leg. perg. cc. 112 (h 29x21)	v. CCXV	
435	2.X.18.7	**ASSISE DI CARNE** **(1763-1770)**	v. leg. perg. cc. 110 (h 29x21)	v. CCXVI	

No	Nuova numerazione	Titolo	Caratteri estrinseci	Antica numerazione	Indice
436	2.XI.1.1	**MATERIE DIVERSE PER ORDINE ALFABETICO A-B**	v. leg. cart. con indice cc. 173 (h 29x22) **visto del Card. Orsini 1710, giu. XII v. 141**	v. CCXXXI	TOMO I **LETTERA A** § I) CIRCA L'AFFIDE ET AFFIDATI: Circa il non molestarsi l'affidati (1567). 1) Circa l'esazione della reaffida (1620). § II) CIRCA L'AGENTE DELLA CITTÀ: 1) Circa la sussistenza della di loro elezione (1616). 2) Controversie fra il Popolo e la Nobiltà circa il tenersi l'Agente in Roma e circa la sua provisione (1632-1654). 3) Ordini agl'Agenti di portarsi a Roma (1648). § III) CIRCA L'AGGREGAZIONE ALLA NOBILTÀ: 1) Controversie e concordia tra il Popolo et i Nobili circa l'Aggregazione (1590-1668). 2) Atti giudiziali per l'aggregazione d'alcuni particolari (1624) § IV) CIRCA L'ANNONA: 1) Provvedimenti intorno ai grani (1585-1648). 2) Atti giudiziali intorno alla frodi de venditori (1641-1669). 3) Bandi per le rivele di robbe venali (1672) § V) CIRCA L'ARCHIVIO (1662). § VI) CIRCA L'ARENA E, SUA CAVATURA (1700). § VII) CIRCA L'ARMI, E LORO DELAZIONE: 1) Proibizione di detta delazione (1632) (a stampa). 2) Permissione di detta delazione (1633). § VIII) CIRCA L'ASSISE (1672). § IX) CIRCA L'AVVOCATO DELLA CITTÀ (1623)

No	Nuova numerazione	*Titolo*	Caratteri estrinseci	Antica numerazione	Indice
					LETTERA B § I) CIRCA I BANDI DEI GOVERNATORI (1598). § II) CIRCA I BARGELLI (1673).
437	2.XI.1.2	**MATERIE DIVERSE PER ORDINE ALFABETICO C** **(1594-1695)**	v. leg. cart. con indice cc.s.n. (h 29x22) **visto del Card. Orsini 1710, ag. XXV v. 42**	v. CCXXXII	TOMO II **LETTERA C** § I) CIRCA I CALCARARI (1642) § II) CIRCA IL CAPOCACCIA (1622) § III) CIRCA I PP. CAPPUCCINI (1594). § IV) CIRCA LA CASSA DEL SIGILLO DELLA COMUNITÀ: 1) Circa l'apertura di essa in caso di renitenza d'uno de Consoli (1641). 2) Circa l'apertura diretta in in caso d'assenza d'uno dei Consoli (1642). § V) CIRCA I CATAPANI E CATAPANATO: 1) Circa i Capitoli del Catapanato (1601). 2) Circa le facoltà' del Catapano (1663-1645). 3) Circa li 50 ducati annui pretesi da Doganieri sopra l'officio del Catapanato (1600). § VI) CIRCA IL CATASTO (1599). § VII) CIRCA LA CITTADINANZA (1595-1607). § VIII) CIRCA I CONFINI, E LORO CANCELLIERE (1621). § IX) CIRCA IL CONSIGLIO: 1) Circa le pene de non intervenienti (1538). 2) Circa le cause per non intervenire (1630). § X) CIRCA I CONSIGLIERI: 1) Circa i Consiglieri della Piazza de Nobili. 2) Circa i Consiglieri della Piazza Mercantile (1649). 3) Circa i Consiglieri della Piazza de Massari (1667-1671) 4) Circa l'aggregazione de Notari et Aromatarij tra Consiglieri della Piazza Mercantile (1628-1649). 5) Circa i spicciolati da surrogarsi à Consiglieri mancanti (1665-1667). § XI) CIRCA I CONSOLI: 1) Monitorij a favore dei consoli (1619)

No	Nuova numerazione	Titolo	Caratteri estrinseci	Antica numerazione	Indice
					2) Rimozione di Consoli (1665). 3) Surrogazione di Consoli (1653-1667). 4) Circa la precedenza tra Consoli (1641). 5) Circa i monopolij de Consoli inferiori senza dependenza dal Capo console (1644). § XII) CIRCA I CONTI DA RENDERSI (1606-1633). § XIII) CIRCA IL CORRIERE DI NAPOLI (1695). § XIV) CIRCA I CREDITORI DELLA COMUNITÀ: 1) Mandati di creditori e censuariy per sborsare Capitoli alla Communità (1567). 2) Decreti a favore de creditori (1608-1672). 3) Istanze ed appellazioni della città da decreti fatti a favore de Creditori (1663). 4) Requisitorie fatte dalla Città a creditori per ricompra dell'annue entrate (1615-1669). 5) Mandati di procura fatti da creditori Censuariy per retrovendere della Communità l'annue entrate (1615). 6) Circa la diminuzione dell'annui censi da farsi da creditori censuariy (1613-1614). 7) Circa l'impotenza della Communità a soddisfare i Creditori (1657-1659). 8) Circa i modi di sodisfare i creditori (1659).
438	2.XI.1.3	**MATERIE DIVERSE PER ORDINE ALFABETICO D-F-G-L-M-N (1523-1673)**	v. leg. cart con indice cc. 235 (h 29x23) **visto del Card. Orsini 1710, ag. XXX v. 143**	V. CCXXIX Stipo 4 n° ordine 229	TOMO III **LETTERA D** § I) CIRCA L'OFFICIO, ET OFFICIALI DE DANNI DATI: 1) Circa il possesso dato di detto officio alla Communità (1551). 2) Capitoli. 3) Atti Giudiziali (1580-1616). § II) CIRCA I DEBITORI DELLA CAMERA APOSTOLICA (1592). § III) CIRCA I DEBITORI DELLA COMMUNITÀ: 1) Decreti contro i Debitori (1605-1649). 2) Decreti a favore dé Debitori (1596-1649). § IV) CIRCA LA DOGANA E FRANCHIGIA DE' CITTADINI DELLA MEDESIMA:

No	Nuova numerazione	*Titolo*	Caratteri estrinseci	Antica numerazione	Indice
					1) Circa il fitto della Dogana (1585).
					2) Documenti, allegazioni, e decreti circa la franchigia dé cittadini della Dogana (1634-1676).
					LETTERA F
					§ I) CIRCA IL FISCALE (1595).
					§ II) CIRCA I FIUMI:
					1) Circa la deviazione del Corso del fiume Sabbato (1606).
					2) Circa la pesca né fiumi Calore e Sabbato (1606).
					§ III) CIRCA LA TORRE DI FRANCAVILLA (1523).
					LETTERA G
					§ I) CIRCA I PADRI GESUITI (1595-1670).
					§ II) CIRCA I GOVERNATORI, E VICE GOVERNATORI (1621-1634).
					§ III) CIRCA I GRANI:
					1) Circa la di loro vendita (1593).
					2) Bandi, et ordini de Ministrj Regij con prohibizione di portare grano alla Città (1623-1631).
					3) Monitory, et atti intorno à predetti bandi et otdine de Regj (1592-1604).
					4) Circa la rivocazione, o dichiarazione de predetti bandi (1585-1623).
					LETTERA L
					§ I) CIRCA LE LICENZE DATE DALLA CITTÀ:
					1) Licenze concesse (1573-1664).
					2) Controversie circa le licenze da darsi (1640).
					§ II) CIRCA I LUOGOTENENTI (1614).
					LETTERA M
					§ I) CIRCA LA MASRTODATTIA CIVILE (1614).
					§ II) CIRCA LA MASTRODATTIA CRIMINALE:
					1) Capitoli del detto officio (1595-1661).
					2) Circa la tassa.
					3) Atti giudiziali (1612-1646).
					§ III) CIRCA I MERCATI.
					§ IV) CIRCA I MOLINI, MOLINARI E MACINATO:

No	Nuova numerazione	*Titolo*	Caratteri estrinseci	Antica numerazione	Indice
					1) Circa la spesa per la palificata (1598). § V) CIRCA LE MONICHE (1619). § VI) CIRCA IL CASALE DI MONTORSO: 1) Circa le controversie per detto Casale (1565). 2) Circa i fuochi di detto Casale (1606). 3) Circa la Cappella di detto Casale (1571-1603). 4) Circa l'officiali del detto Casale (1606-1667). **LETTERA N** § I) CIRCA LA CHIESA, ED OSPEDALE DELLA SS.MA ANNUNZIATA, E SUOI OFFICIALI: 1) Ordini fatti dall'Arcivescovo à Preti di detta Chiesa (1644). 2) Circa l'esenzione di detta Chiesa et Ospedale dalla Giurisdizione e visita dell'Arcivescovo (1665). 3) Circa la precedenza tra Governatori di detta Chiesa, e alcuni officiali della Città. 4) Circa l'accettazione della carica di Governatore (1617). 5) Circa l'esazione delle pene da farsi da Governatori (1607). 6) Circa il rendimento dei Conti (1659). § II) CIRCA L'ESENZIONE DELLA CITTÀ DAL NUNZIO DI NAPOLI (1632-1663).
439	2.XI.1.4	**MATERIE DIVERSE PER ORDINE ALFABETICO O-P-R-S-T-V (1490-1666)**	v. leg. cart. con indice cc. 184 (h 28x22) **visto del Card. Orsini 1710, ag. VII v. 144**	v. XI	TOMO IV **LETTERA O** § I) CIRCA L'OFFICIALI, ED OFFICIJ DELLA CITTÀ: 1) Circa la distribuzione dell'officij (1594). 2) Circa l'elezione dell'Officiali (1650). 3) Circa l'Officiali, ed officij della Nobiltà (1644). 4) Circa li quattri Officiali maggiori della Città (1637). § II) CIRCA L'OREFICI, ET ARGENTIERI: 1) Capitoli da osservarsi dall'Orefici, et Argentieri e che haveranno da essere in questa Città (1610). **LETTERA P** § I) CIRCA IL PESCE, E SUA BANCA (1616). § II) CIRCA I PRIVILEGIJ.

No	Nuova numerazione	*Titolo*	Caratteri estrinseci	Antica numerazione	Indice

					LETTERA R
					
					§ I) CIRCA I RIFUGIATI IN CITTÀ (1616) (manca ab antiquo con nota del prof. A. Zazo).
					
					§ II)CIRCA LE RISOLUZIONE PRESE IN TEMPO DELLA RIBELLIONE DI NAPOLI DEL 1646 (1647).
					
					LETTERA S
					
					§ I) CIRCA IL SALE.
					
					§ II) CIRCA IL CASALE DI S.LEUCIO:
					
					    1) Circa i fuochi di detto Casale (1609).
					
					§ III) CIRCA IL MONISTERO DI S. SOFIA (1659).
					
					§ IV) CIRCA LE SCRITTURE DELLA CITTÀ (1490).
					
					§ V) CIRCA LA SETA E SUA GABELLA DI NAPOLI (1557).
					
					§ VI) CIRCA I SINDICATI DELL'OFFICIA-LI:
					
					    1) Memoriali ed allegazioni per la città (1652).
					
					    2) Decreti della Sagra Consulta circa i Sindicati (1598).
					
					    3) Circa le soldatesche forastiere (1633).
					
					§ VII) CIRCA I SPEZIALI (1654).
					
					§ IX) CIRCA LE SPORTULE (1641).
					
					§ X) CIRCA LI STATUTI :
					
					    1) Circa il testo, e dichiarazione de statuti (1641).
					
					    2) Circa i ricorsi della Città per l'osservanza de Statuti .
					
					§ XI) CIRCA LE STRADE :
					
					    1) Atti giudiziali circa le strade della Città (1598-1641)
					
					    2) Circa la strada nuova fatta verso Napoli (1611-1612).
					
					    3) Circa la strada nuova meditata da Benevento in Puglia (1608)
					
					LETTERA T
					
					§ I) CIRCA LE TABELLE DELLA COMMUNITA' (1688).
					
					§ II) CIRCA LE TASSE.
					
					§ III) CIRCA LA TAVERNA DELLA COMMENDA DI S. GIOVANNI (1614-1616).
					
					§ IV) CIRCA IL TERRITORIO DELLA TAMMARETA .

No	Nuova numerazione	*Titolo*	Caratteri estrinseci	Antica numerazione	Indice
					LETTERA V § I) CIRCA I VICARIJ TEMPORALI : 1) Surrogazioni fatte da Consoli (1598). 2) Possessi presi. 3) Circa i sostituti da Vicarij (1632). § II) CIRCA I VISITATORI APOSTOLICI (1587).
440	2.XI.1.5	**MATERIE DIVERSE PER ORDINE CRONOLOGICO** (1524-1728)	v. leg. cart. con indice cc. 230 (h 29x21)	v. CCXXX	Scripturae variae, ordine cronologico dispositis
441	2.XI.2.1	**PLATEA BONORUM STABILIUM R. C. A** (1759)	v. leg. perg. cc. 268 (h 32x22)	v. 156 v. 22	I.M.I. Indice generale, di tutti i nomi e cognomi de' rendenti della Reverenda Camera Apostolica contenuti in questa nuova Platea. Nuova Platea dé Beni, ed effetti spectanti alla Reverenda Camera Apostolica, formata e compita sotto l'auspicio felicissimo di Monsignor Illustrissimo, reverendissimo Stefano Borgia, Patrizio di Velletri, dell'una e dell'altra Signatura Referendario, e della Santità di Nostro Signore Clemente XIII Prelato Domestico della Città di Benevento suo Ristretto e Contado Governatore Generale. Chirografo della felice Memoria di Benedetto Papa XIV, col quale si concede al Magistrato Comunità e città di Benevento in enfiteusi perpetua le Pontificie Dogane di questa Città. (Compilazione della Platea di Nicolò Limata con lettera del 10 giugno 1759). BENEVENTO Catapanato Stanze incorporate nel Palazzo Magistrale. Parrocchia del SS.mo Salvatore. Parrocchia di S. Marco de Sabariani. Parrocchia dei Santi Angelo e Stefano. Parrocchia di S. Caterina. Parrocchia di S. Maria di Costantinopoli. BENEVENTO E SUE PERTINENZE Copia Chirografo di Clemente XII del 17 Agosto 1737. Torre della Mazza, seu Colonette-Contrada la Chiana dello Tienchio. Contrada detta lo Pretelese-Montecalvo. Contrada Pezzapiana. Benevento e Montorso.

No	Nuova numerazione	Titolo	Caratteri estrinseci	Antica numerazione	Indice
442	2.XI.3.1	**INDICE DELLE SCHEDE DE' NOTARI MORTI, ESISTENTI NELL'ARCHIVIO (1466-1786)**	v. leg. perg. con rubrica cc. 51v. (h 31x22)	v. 32 v. 439	Rubrica
443	2.XI.3.2	**MATRICOLA NOTARIORUM ET IUDICUM AD CONTRACTUS APOSTOLICA AUCTORITATEM ET MATRICOLA NOTARIORUM CIVITATIS BENEVENTI (1609-1803)**	v. leg. perg. cc. 155 v. (h 26x20)	v. CCXXXIV v. (438)	
444	2.XI.4.1	**RUBRICA DELLE PERGAMENE DEI LUOGHI PII DI BENEVENTO (V. I)**	v. leg. cart. cc. n. n.		
445	2.XI.4.2	**RUBRICA DELLE PERGAMENE DEI LUOGHI PII DI BENEVENTO (V. II)**	v. leg. cart. cc. n. n.		
446	2.XI.5.1	**METODO DI SCRITTURA PER L'AMMINISTRAZIONE DEL SACRO MONTE DI PIETÀ ARCIVESCO-VILE DI BENEVENTO, SUA ORIGINE, REGO-LE E STATO ANTICO, E MODERNO... (1786)**	v. leg. cart. cc. 140		IMI CAP. 1: Dell'origine de' Monti di Pietà in generale. CAP. 2: Della fondazione del Monte di Pietà Arcivescovile. CAP. 3: Dell'origine di detto Monte commutato in frumentario dalla S. Memoria di Benedetto XIII, allora Arcivescovo di Benevento. CAP. 4: Esame dello Stato del Monte, e sua Amministrazione dal 1739al 1783. CAP. 5: Del metodo di scrittura, con cui si regola di presente l'Amministrazione. CAP. 6: Di ciò che si pratica per il buon ordine di Pegni. CAP. 7: Degl'obblighi, che si assistono ai Ministri de' Monti, ed i ciò, che possono arbitrarsi. CAP. 8: Dello Stato presente del Sacro Monte rapporto a Capitali Attivi, e Officio del Procuratore. CAP. 9: Nuove leggi e Regole date dall'E.mo Arcivescovo Card. Banditi.

Bibliografia

Stefano Borgia, *Memorie istoriche della pontificia città di Benevento dal secolo VIII al secolo XVIII*, 3 voll., Salomini, Roma 1763-69.

Giovanni De Vita, *Thesaurus antiquitatum beneventanarum Medii Aevi*, Tipografia Palladis, Roma 1754-64.

Elio Galasso, *Dagli albori di una coscienza sociale agli statuti del 1202*, in Francesco Romano (a cura di), *Benevento cerniera di sviluppo interregionale*, Filo Rosso, Napoli 1968.

Elena Glielmo e Maria Antonietta Glielmo, *Le scritture del fondo civico del Comune di Benevento*, C.EDI.M., Milano 1981.

Gaetana Intorcia, *Civitas Beneventana. Genesi ed evoluzione delle istituzioni cittadine nei secoli XIII-XVI*, Auxiliatrix, Benevento 1981.

Enrico Isernia, *Istoria della città di Benevento dalla sua origine fino al 1894*, 2 voll., D'Alessandro, Benevento 1894.

Carmelo Lepore, *Gli Statuti del 1203. Coscienza civica e albori del diritto municipale in Benevento*, Eurocom, Napoli 2001.

Pietro Lonardo, *Gli Statuti di Benevento sino alla fine del secolo XV*, De Martini, Benevento 1902.

Gianni Vergineo, *Storia di Benevento e dintorni*, 4 voll., Ricolo, Benevento 1983-89.

Alfredo Zazo, *Dizionario bio-bibliografico del Sannio*, Fiorentino, Napoli 1973.

Gilberta Famiglietti è nata a Bologna il 31 luglio 1941.

Dipendente di ruolo della Regione Campania con qualifica di *Istruttore culturale* fascia C (ex VI livello) è stata distaccata presso il Museo del Sannio dal 1985 al 2000.

In possesso di diploma di *Abilitazione Magistrale* ha conseguito il diploma di *Archivistica, Paleografia e Diplomatica* conseguito presso l'Archivio di Stato di Napoli (corso biennale 1984-1986).

Ha seguito i seguenti corsi di aggiornamento:

Metodi e ricerche per lo studio del libro antico, organizzato dall'Istituto Studi FIlosofici, Napoli set-dic. 1988;

Il lavoro negli archivi, organizzato dall'Ass. Naz. Archivistica Italiana, Castelvecchio Pascoli (LU) 8-11 dic 1988;

Gli strumenti archivistici, metodologie e dottrine, organizzato dall'Ass. Naz. Archivistica Italiana, Rocca di Papa (Roma) 21-24 mag 1992;

Gli archivi comunali della Campania. Realtà e prospettive. L'intervento statale e regionale tra emergenze e programmazione, organizzato dall'Ass. Naz. Archivistica Italiana, Napoli 1 dic 1993;

Archivi di Prefettura e Questura, organizzato dall'Ass. Naz. Archivistica Italiana, Napoli 26 mag 1994;

A vent'anni dalla istituzione del Ministero per i beni culturali, quale futuro per gli archivi, organizzato dall'Ass. Naz. Archivistica Italiana, Napoli 1-3 feb 1996;

Gli archivisti delle Regioni e degli Enti locali: un profilo in via di definizione, organizzato dall'Ass. Naz. Archivistica Italiana, Roma 14 dic 2001.

Presso il Museo del Sannio ha svolto le seguenti mansioni:

Inventariazione e ricostruzione storica degli archivi in deposito presso il Museo del Sannio:

Archivio del Comune di Benevento dal 1500 al 1860
Archivio Nobili Comunità
Archivio della Congrega del SS-mo Rosario
Archivio del Monastero di Santa Sofia
Archivio Verusio, nobile famiglia beneventana
Archivio del Comune di Benevento dal 1861 al 1945
Archivio del Museo del Sannio;

Schedatura libri;

Inventario Topografico di tutte le opere esposte con relative piante;

Responsabile della sala di studio.

Ricerche archivistiche e collaborazione per le pubblicazioni:

Elio Galasso, *L'arme del Comune di Benevento*, Benevento 1989;

Francesco Bove, *Il palazzo Camerale di Benevento e le trasformazioni della città nella prima metà del Novecento*, Benevento 1994;

Ennio De Simone, *La banca Sannitica: economia e credito a Benevento fra Ottocento e Novecento*, Napoli 1999.

Ha collaborato inoltre alle ricerche:

Il cinema della memoria 1895-1995;

Il cinema Vittoria annesso al Palazzo Comunale Paolo V di Benevento.

Indice

Quaderni dell'Archeoclub di Benevento

Volumi pubblicati